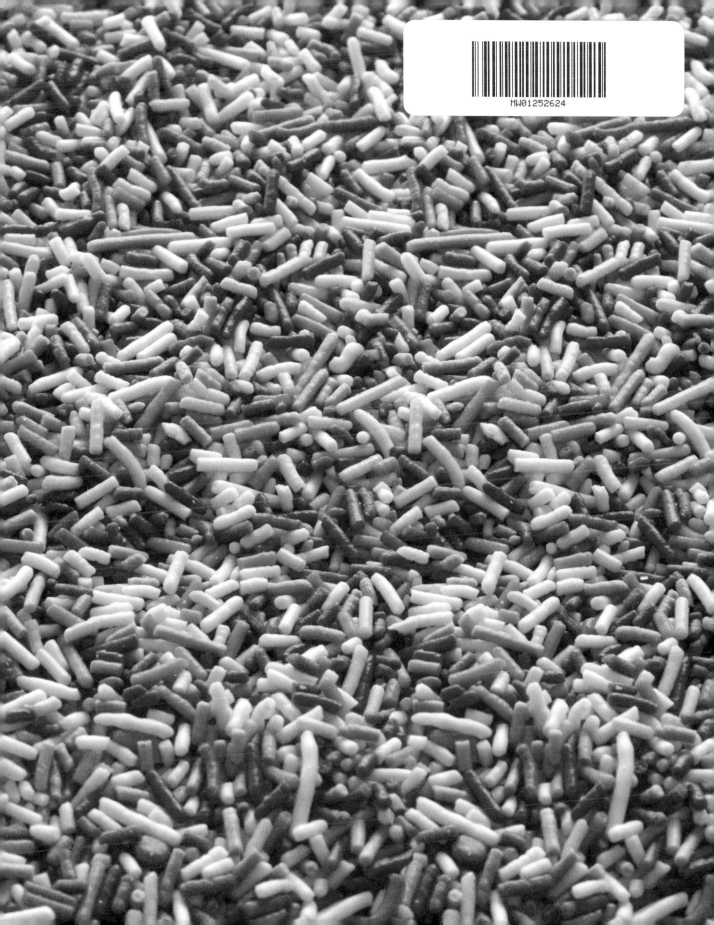

O MUNDO DOS

CUPCAKES

Carole Crema

FOTOS ROMULO FIALDINI

DBA

EDITOR
Alexandre Dórea Ribeiro

COORDENAÇÃO EDITORIAL
Andrea M. Santos

EDITORA EXECUTIVA
Adriana Amback

DESIGN
Sk2design (Suli Kabiljo)

REVISÃO DE TEXTO
Norma Marinheiro

PRODUÇÃO GRÁFICA
Edgar Kendi (Estúdio DBA)
Suli Kabiljo

PRÉ-IMPRESSÃO
Magda Barkó

IMPRESSÃO E ACABAMENTO
Prol Gráfica

2ª reimpressão | junho de 2011

CUPCAKES
Só faltavam eles!

Só faltavam eles... Isso foi o que me veio à cabeça quando os **cupcakes** finalmente desembarcaram por aqui. Ao longo da minha carreira de cozinheira de doces (sim, senhor, porque para ser doceira ou confeiteira ainda falta muito), percebi que os brasileiros nunca haviam se interessado por esses tão famosos e festejados bolinhos. Talvez por serem muito diferentes de certas preferências nacionais: nossos bolos "recheadérrimos" ou docinhos, como brigadeiro ou bem-casado, ou apenas por que ninguém pensou neles antes. Mas, felizmente, graças a um seriado de mulherzinha na TV, à democratização das viagens internacionais, à rapidez da informação e à busca incessante por novidades, eles caíram no gosto nacional.

A oferta e a demanda por esses bolinhos encantadores que "cabem" em qualquer momento do dia e em todo tipo de comemoração cresceram de maneira impressionante. Eles são pequenos, customizáveis e fáceis de comer (para os menos formais, um guardanapo é o suficiente).

O **cupcake** encanta as pessoas (muitas ficam de queixo caído), mas quero lembrar que, apesar de lindo, ele não é objeto de decoração. **Cupcake** que se preze tem de ser muito gostoso! Isso mesmo, não tenha pena de comer, ataque sem dó, pois quando bem feito, é delicioso, leve e surpreendente.

Lancei os **cupcakes** na minha loja em junho de 2009, depois de uma viagem de pesquisa à cidade de Nova York. Foi tudo muito rápido, porque tinha a sensação de que a ideia precisava ser lançada o mais depressa possível. O resultado foi impressionante. Sempre que apresento alguma novidade, pressuponho que ela levará alguns dias, ou mesmo semanas, para ser aceita pelo público, e por isso fui devagar. Mas o sucesso dos **cupcakes** foi imediato... Os bolinhos que eu fazia (e ainda faço) diariamente sumiam das prateleiras antes do meio da tarde. Passei a confeitar mais unidades por dia, e os pedidos para festas e eventos foram surgindo naturalmente. Semanas depois, a "febre tinha-se alastrado", e lojas especializadas em **cupcakes** surgiam numerosas.

Com tudo isso acontecendo, nasceu a ideia do livro. Gostoso e bonito como um **cupcake**, ele pretende mostrar de forma clara todos os passos do preparo, da decoração e do serviço desses bolinhos.

Recheando o livro, você encontrará em detalhes tudo que precisa saber para preparar essas delícias, incluindo a descrição de técnicas básicas para a escolha e o preparo de massas e coberturas; dicas fundamentais de como preparar um **cupcake** perfeito; receitas básicas, variações e deliciosas coberturas e enfeites que ajudarão você na criação de um sem-número de bolinhos lindos. Tudo testado e bem explicado. Além disso, há uma lista de lugares onde comprar ingredientes e apetrechos necessários.

As receitas estão divididas por tema, pois é quase impossível fazer de outra maneira. **Cupcake** "pede" um assunto, uma razão de ser, um estado de espírito... Senão, fica mais fácil comer um pedaço de bolo de tabuleiro mesmo, não é? (Nada contra a ideia!)

Por estas páginas desfilam **cupcakes** chiques (para arrasar), com chocolate (tema de utilidade pública) brasileirinhos, modernos, floridos (lindos de morrer), fofinhos (uns garantem que é a cara do **cupcake**), sem esquecer os clássicos (fundamentais). Para fechar, um tema chamado Apoteose, em que **cupcakes** coloridos e brilhantes desfilam em todo o seu esplendor e glória.

Para os iniciantes (também para crianças ou aqueles mais medrosos), aponto as receitas mais fáceis de fazer e ofereço todas as dicas importantes de preparo, aí incluídas aquelas sobre conservação, congelamento e durabilidade de massa e recheio. Portanto, não há desculpa para não colocar as receitas em prática. Aliás, a cozinha deve ser praticada e experimentada. Com o tempo e a "tranquilidade" que a prática traz, o cozinheiro se torna mais corajoso e arrojado, os preparos são alterados e incrementados e vão ficando cada dia mais interessantes. E com uma cara muito particular. A sua.

Experimente colocar a família inteira na cozinha ou fazer uma "tarde de farra" com as crianças. Elas adoram **cupcakes** e se encantam em decorá-los e depois, é claro, devorar tudo.

As receitas e decorações escolhidas para este livro são apenas referências. Você pode criar seus **cupcakes** a partir das ideias aqui sugeridas e tornar-se uma expert... Basta usar a imaginação e um pouco de técnica.

Depois de tudo isso, escolha um avental bem lindo, tire umas horinhas, vá para a cozinha e mergulhe no mundo dos **cupcakes**. Sucesso!

Com carinho,

Carole Crema

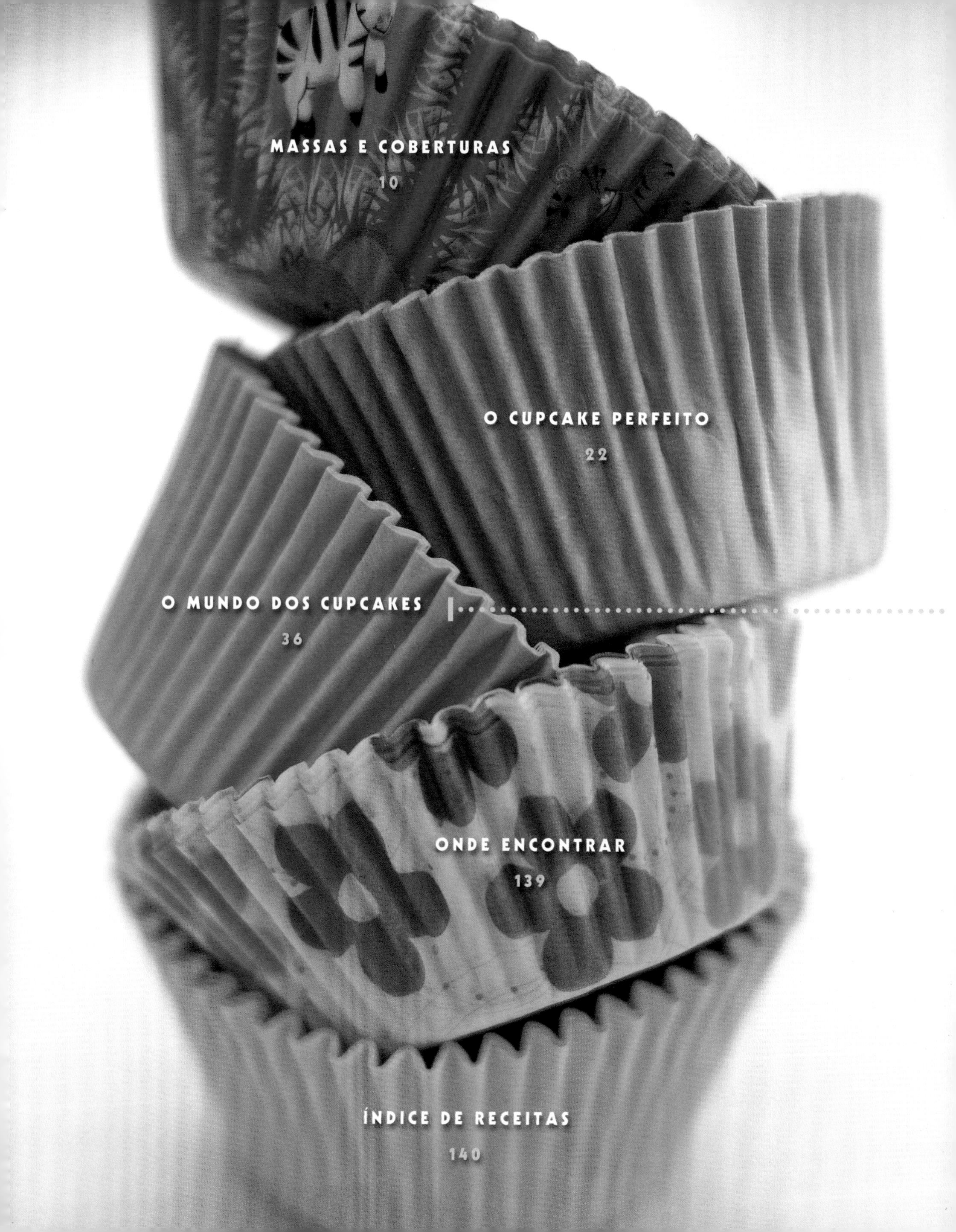

*receitas fáceis de fazer

MASSAS E
COBERTURAS

Para que os **cupcakes** fiquem gostosos e bonitos, é importante pensar neles como um todo, como uma receita inteira. A composição deve somar uma massa rica, úmida e saborosa a uma cobertura farta e condizente em aroma, textura e sabor. Para obter esse resultado, é importante começar entendendo os tipos de massa e de cobertura que podem ser usados e suas principais características.

M A S S A S

Existem milhões de receitas de massas para bolo. Algumas delas são "tecnicamente" conhecidas e codificadas, mas você pode criar ou "achar" uma receita incrível e aplicá-la no preparo de **cupcakes**. Durante minha pesquisa para este livro, verifiquei que muitas das massas que usamos no dia a dia podem ser adaptadas. Um **cupcake** deve ter uma massa pesada e untuosa. Pode ser mais ou menos doce, mas isso se definirá apenas depois de escolhida a cobertura. Verifique sempre nas receitas escolhidas se é grande a quantidade de manteiga, óleo, frutas oleaginosas ou gema. Esses são os ingredientes que darão umidade e untuosidade às massas. O açúcar, combinado a isso, tem papel importante pois "absorve" umidade e agrega sabor ao preparo. Conhecendo os tipos de massa de bolo, podemos rapidamente definir se são ou não apropriadas para o preparo de **cupcakes**.

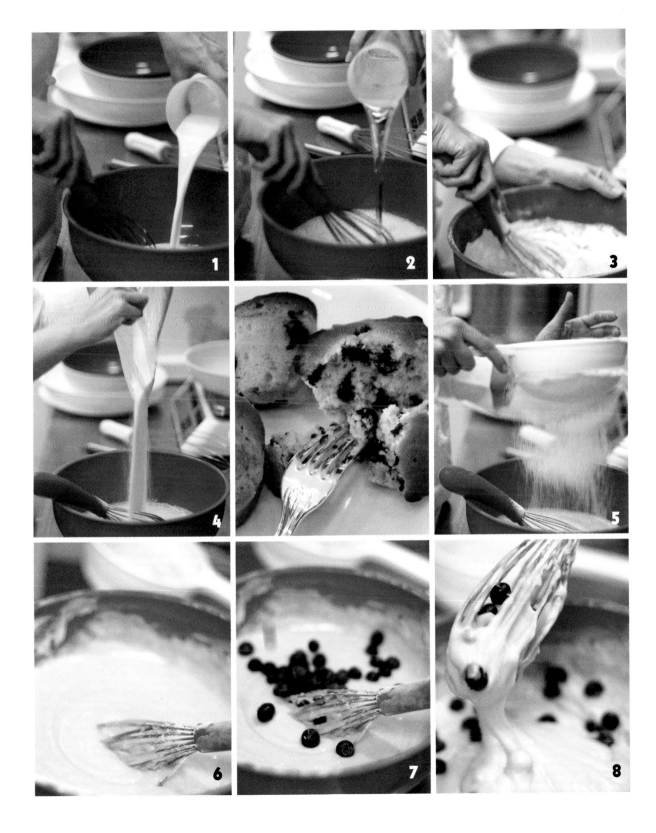

Tecnicamente, podemos classificar as massas de bolo em:

ESPONJOSAS

São **massas leves e elásticas,** usadas como base para sobremesas e bolos recheados. O pão de ló, ou genoise, é o representante oficial desse grupo.

Para o preparo de cupcakes, não se recomenda esse tipo de massa, pois seu sabor é suave demais e sua massa, seca e elástica.

No entanto, a adição de frutas oleaginosas no preparo enriquece essas massas e as deixa mais saborosas e úmidas. Para isso, basta substituir a farinha de trigo por oleaginosas processadas mais farinha de rosca (na proporção de 3 para 1).

Assim, bem ricas, úmidas e cheias de sabor, elas se tornam uma excelente escolha para cupcakes.

COM GORDURA

São as **massas de bolo tradicionais.** Elas são mais ricas em manteiga e açúcar, por isso têm sabor mais intenso, e levam sempre fermento químico em pó, para garantir a leveza e a aeração. Como resultam em massas mais úmidas, de textura leve e sabor intenso, são as mais adequadas para o preparo de cupcakes. A partir de uma base, pode-se adicionar ou substituir ingredientes e assim obter infinitos sabores para o bolo.

RICAS/PESADAS

Mais conhecidas como **pound cakes** ou **quatre quarts**, essas são massas à base de farinha, ovo, açúcar e manteiga em partes quase iguais. Muito ricas, fofas e úmidas, são excelentes para o preparo de cupcakes, além disso, aceitam bem diversas variações, como a adição de essências, raspas de casca de frutas cítricas, especiarias e até licores. É importante evitar o acréscimo de ingredientes ricos em gordura (como castanhas, por exemplo) e sucos, que podem desestruturar a massa.

COBERTURAS

Diferentemente das massas, as coberturas para **cupcakes** são as mais diversas. Ao escolher a cobertura, deve-se considerar fatores como sabor, aparência e textura. A cobertura pode servir apenas para decorar o cupcake, sem interferir no sabor, nesse caso, opte por uma massa bem saborosa. Mas ela pode ser também a "estrela" do preparo (como uma ganache feita de um chocolate especial) ou apenas o "veículo" para uma decoração arrojada.

As coberturas mais utilizadas em cupcakes são:

MERENGUES • GANACHES • CREME DE MANTEIGA • PASTA AMERICANA • CREME DE QUEIJO • GLACÊ REAL

• MERENGUE •

É resultado da mistura de clara de ovo e açúcar. Há 3 tipos de merengue:

• **francês:** é o merengue cru, o mais instável de todos e muito usado no preparo de suspiros ou em receitas que passarão por cozimento.
Proporção básica: 1:2 (clara e açúcar)

• **suíço:** é cozido em banho-maria ou em fogo baixo até que o açúcar se dissolva. Esse é o merengue mais brilhante e fácil de fazer. Uma vez que o açúcar tenha sido dissolvido na clara pela ação do calor, a mistura deve ser batida até esfriar e formar uma espuma brilhante e firme.
Proporção básica: 1:2 (clara e açúcar)

• **italiano:** é o merengue mais utilizado comercialmente, já que o calor pasteuriza as claras, o que torna o consumo mais seguro e o produto mais durável. É mais denso devido ao cozimento das claras e tecnicamente mais difícil de preparar.

Deve-se fazer uma calda de açúcar e água a 115°C e, aos poucos, juntá-la às claras em neve, sem parar de bater, até esfriar.
Proporção básica: 3 1/4 de açúcar + 1 xícara de água + 1 1/4 de xícara de clara (6 a 8 claras)

• GANACHES •

É resultado da mistura de chocolate derretido e creme de leite. Partindo da proporção de 1:1, pode-se alterar a textura adicionando mais chocolate e fazendo-a ficar cada vez mais firme.

Pode-se utilizar qualquer tipo de chocolate em barra para o preparo de ganaches, assim como creme de leite fresco, em embalagem Tetrapak ou em lata. O sabor e a textura final, no entanto, mudam de acordo com os produtos utilizados.

Já existe no mercado uma enorme quantidade de tipos de chocolate (com maior ou menor teor de cacau, mais ou menos ácidos etc.). Para criar ganaches interessantes, você pode buscar aquele que mais lhe agrada ou que melhor combina com sua receita.

Às ganaches é possível adicionar também licores ou outra bebida destilada (sempre em pequenas quantidades) e, assim, obter o sabor da bebida escolhida.

A adição de frutas oleaginosas também é possível.

• CREME DE MANTEIGA •

Preparação clássica usada como cobertura e recheio em bolos e sobremesas, resulta da mistura de clara ou gema de ovo com açúcar e manteiga. A base para o preparo do creme de manteiga é sempre um merengue italiano ou um "merengue de gema" feito da mesma forma que o de clara.

Esse creme pode ser aromatizado com licores ou essências, especiarias e raspas de casca de frutas cítricas e colorido de acordo com o uso que terá. É rico em sabor e deve levar ingredientes de primeira qualidade.

• PASTA AMERICANA •

Muito usada para cobrir e finalizar bolos decorativos, é feita à base de açúcar impalpável, gelatina, gordura e amido. Seca e com pouco sabor, seu uso nos cupcakes deve ser apenas para decoração.

• CREME DE QUEIJO •

Muito comum nos Estados Unidos, é um creme à base de gema, açúcar e queijo cremoso. Uma combinação deliciosa e leve em que a acidez do queijo é quebrada pelo açúcar. Pode ser colorido ou aromatizado e fica mais sutil se empregado em pequenas quantidades.

• GLACÊ REAL •

Mistura de clara com açúcar e limão, é o preparo ideal para quando se quer fazer uma cobertura durinha. O glacê real, quando seco, endurece, tornando-se uma excelente escolha para cupcakes que serão embalados.

É também muito utilizado na confecção de flores de açúcar e em outras decorações. Para isso, é necessário conhecer as técnicas de uso de bicos de confeitar.

O CUPCAKE PERFEITO

EM BUSCA DO **CUPCAKE PERFEITO**

Antes de tudo, é bom lembrar que os cupcakes devem ser gostosos... E para isso é importante "considerar" muito bem o conjunto antes de colocar a mão na massa.

É preciso que massa e cobertura se combinem bem para que o cupcake fique gostoso, leve e bonito.

Uma massa rica e cheia de sabor (como a de pound cake ou de chocolate com café) pode receber uma cobertura mais leve (como um merengue) porque assim o "destaque" fica na massa. Quando a massa é mais leve, de sabor mais suave, podemos utilizar uma cobertura mais "marcante" (como brigadeiro e creme de manteiga).

Devo avisar que nem sempre sigo essa regra. No cupcake com chocolate em dose dupla (ver receita na p. 93), eu combinei uma massa super-rica e saborosa com uma cobertura igualmente intensa. Nessa receita, eu quis enfatizar o sabor do chocolate e "matar" de prazer os chocólatras.

A combinação de massa e cobertura não é portanto uma "ciência exata". Um exercício importante é "pesar" as opções e descobrir qual nos levará ao resultado pretendido.

DICAS DE COMO PREPARAR A MASSA

• Organização é essencial. Antes de começar a preparar a massa, distribua as forminhas de papel na fôrma de cupcake. Na hora de colocar a massa, o processo será mais eficiente, e você não perderá tempo.

• Toda massa de cupcake deve ser colocada com cuidado nas forminhas usando-se um saco de confeitar ou uma colher, não apenas para facilitar o manuseio, mas também para não sujar a borda das forminhas.

• A maioria das massas de cupcake cresce durante a cocção, porque a ação do fermento químico se dá sob ação do calor. É pura química! Para não comprometer esse processo, é importante que você:

➤ adicione o fermento à receita apenas no último minuto do preparo.

➤ aqueça o forno por pelo menos 15 minutos antes de levar os bolinhos para assar.

➤ assim que a massa estiver pronta, transfira rapidamente para as forminhas da maneira recomendada, evitando deixá-la "esperando" fora do forno. A demora pode fazer com que seu bolinho não cresça.

➤ evite abrir o forno durante a cocção para não permitir a entrada de corrente de ar frio que "derruba" o bolinho.

➤ caso precise preparar a massa com antecedência, não adicione o fermento, deixe para juntá-lo à massa minutos antes de assar. Enquanto isso, conserve a massa na geladeira.

• Toda massa de bolo, logo também a de cupcake, tem seu próprio tempo de forno. Não gosto de "determinar" com muito rigor esse tempo, pois cada forno é diferente e pode exigir mais ou menos tempo. De qualquer forma, é importante saber que, se assada demais, a massa de cupcake resseca e pode ficar quase como a de um biscoito.

• Preencha as forminhas até 3/4 de sua capacidade, nem mais nem menos, para que nem a massa transborde, nem o bolinho fique muito baixo.

• Claras batidas em neve devem sempre estar macias. Tenha o cuidado de nunca bater demais as claras, porque elas se ressecam.

ARMAZENAMENTO E CONGELAMENTO DE MASSAS

Toda massa de bolo e/ou cupcake pode ser congelada depois de assada. Para isso, espere esfriar e então congele em recipiente bem fechado, de preferência, coberto com filme plástico e com uma etiqueta com a data. A durabilidade no freezer é de **2 meses**.

Ao descongelar, retire os bolinhos embalados do freezer e deixe descongelar ainda embalados. Só abra quando alcançarem a temperatura ambiente, isso evita que "suem" e fiquem úmidos na superfície.

As massas de cupcake duram de **3 a 5 dias** em temperatura ambiente (fora da geladeira). Embora a refrigeração aumente em **2 ou 3 dias** a durabilidade das massas, evite armazená-las na geladeira, pois ficam mais duras e ressecadas. Caso isso seja necessário, embale os bolinhos em filme plástico e guarde em recipiente hermeticamente fechado (como se fossem ser congelados).

DICAS DE COMO **PREPARAR A COBERTURA**

• **O CREME DE MANTEIGA** é delicioso, mas é pesado e não muito bem aceito pelos brasileiros. Por isso procure usá-lo em pequenas quantidades ou bastante aromatizado e harmonizado com a massa. Por ser mais untuoso, dura mais e ajuda a preservar a umidade do bolinho, além disso, fica delicioso se misturado com frutas oleaginosas picadas (como nozes e avelã).

• **AS GANACHES** são preparações clássicas, mas se pode fazer pequenas variações, como usar uma de brilho para finalização, uma mais firme para uma cobertura bem alta ou uma de leite para reduzir o custo e aumentar a durabilidade. Qualquer receita de ganache, quando quente, presta-se para fazer coberturas finas e baixas e, quando ligeiramente resfriada, para fazer coberturas altas. As ganaches podem ser aromatizadas com licores, essências, especiarias moídas ou até raspas de casca de frutas cítricas e frutas oleaginosas picadas. Podem também ser feitas com diversos tipos de chocolate (incluindo-se chocolate ao leite e branco), o que lhes confere sabor especial. Mas tome cuidado ao aromatizá-las, pois o excesso de líquido ou de sólidos pode desestruturar a receita e fazê-la "talhar".

• **OS MERENGUES** são coberturas práticas e muito gostosas. Além disso, podem ser coloridos, mas, como se ressecam facilmente, devem ser preparados apenas na hora de empregar (ou seja, quando os cupcakes já estiverem esfriando depois de assados). Para "prolongar" a maciez, opte pela cobertura extra de chocolate (como a usada no cupcake de cenoura com chocolate, ver receita na p. 82).

• **A PASTA AMERICANA** tem uma textura fácil de trabalhar, é bem elástica e fundamental quando se deseja um cupcake bem decorado. É com a pasta

29

americana que preparamos a maior parte dos enfeites para cupcakes. Ela pode ser colorida e até aromatizada (basta colocar um pouco de essência), tornando-se uma opção super-versátil. Atualmente, encontra-se com certa facilidade a pasta americana pronta, às vezes, já colorida e/ou aromatizada). Mas você pode comprá-la também na cor natural (branca) e tingir com corante alimentar em gel.

• O GLACÊ REAL é uma mistura de açúcar impalpável (ou de confeiteiro) com clara e limão. É um composto utilizado para finalização de bolos cobertos com pasta americana ou para decoração de biscoitos e cupcakes. Pode ser mais ou menos "firme". Quando mais molinho, pode ser empregado às colheradas por cima do cupcake, tornando-se uma excelente "cola" para a decoração. Quando mais firme, deve ser usado apenas para fazer desenhos e/ou decorar e tem de ser aplicado com saco de confeitar e bico perlê fino. Em contato com o ar, ele se resseca e fica durinho, como uma casquinha de fondant. Também pode ser colorido com corante em gel.

30

• BRIGADEIRO, beijinho e outros doces tradicionais podem ser usados como cober-tura, mas deixam o cupcake mais doce. Use com parcimônia.

• O CHOCOLATE deve entrar apenas como cobertura adicional, pois endurece muito e deixa o cupcake quebradiço e difícil de comer.

Fica excelente quando colocado por cima do merengue e do brigadeiro, além de aumentar a durabilidade e facilitar a embalagem e o transporte dos bolinhos.

• CONFEITO, chocolate em pó, frutas secas e oleaginosas picadas e apliques de açúcar são liberados e necessários para dar um toque final incrível aos bolinhos. Use e abuse.

• Quando precisar arrasar no VISUAL, utilize as coberturas de pasta americana e glacê real, mas se lembre de que elas são secas e não têm sabor, portanto, para não "matar" a pre-paração, a massa deve ser super-rica e úmida.

• Para COLORIR a cobertura é preciso conhe-cer regras básicas de combinação de cores:
➤ **pasta americana, glacê real e merengues** são coberturas de cor-base branco e refletirão a cor empregada sem alterações. Pode-se alterar a intensidade da cor (de rosa pastel a pink, por exemplo) apenas aumentando a quantidade de corante. Essas coberturas ten-dem a "perder" a cor com o tempo, por isso, se o cupcake não vai ser consumido no mes-mo dia do preparo, intensifique a cor, porque ela desbotará um pouco até o dia seguinte.
➤ **os cremes à base de manteiga e chocola-te branco** são coberturas de cor-base amarelo e requerem mais cuidado na hora de colorir. O azul, por exemplo, ficará esverdeado caso seja usado em pequena quantidade, pois azul + amarelo = verde. Por isso, quando "precisão" nas cores for indispensável, opte pelos merengues.

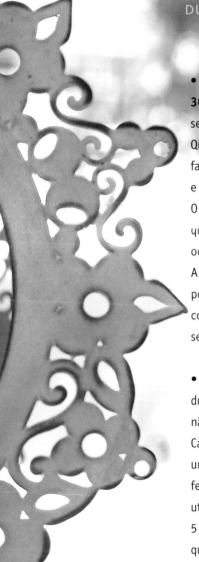

• **AS GANACHES** duram até **30 dias** na geladeira e não se prestam ao congelamento. Quando precisar reaquecê-las, faça em pequenas quantidades e em banho-maria.

O superaquecimento faz com que talhem, e, caso isso ocorra, não há salvação. A ganache de leite é a que possui menos gordura em sua composição e, por isso, pode ser reaquecida mais vezes.

• **O CREME DE MANTEIGA** dura até **10 dias** na geladeira e não pode ser congelado. Caso precise guardar, utilize um pote plástico limpo e bem fechado e, sempre que for utilizar, bata-o por cerca de 5 minutos na batedeira para que fique mais aerado e homogêneo.

• **OS MERENGUES** devem ser empregados assim que forem preparados. Caso precise guardar, ele dura até **3 dias** na geladeira e **2 dias** fora.

• **A PASTA AMERICANA** dura cerca de **20 dias** depois de pronta, mas deve ser conservada muito bem fechada num saco plástico fora da geladeira.

• **O GLACÊ REAL** dura até **5 dias** em temperatura ambiente se acondicionado em pote plástico muito bem vedado.

• **OS CREMES** à base de cream cheese duram até **10 dias** na geladeira em embalagem hermeticamente fechada e, assim como o creme de manteiga, devem ser batidos em batedeira antes de serem usados.

TEMPERAGEM DO CHOCOLATE

O chocolate é uma linda e deliciosa finalização para cupcakes. Mas, para usá-lo, é importante que seja derretido e temperado (pré-cristalizado) corretamente, o que irá garantir um resultado perfeito, com endurecimento bonito e aspecto uniforme.

A temperagem consiste no resfriamento lento e gradual do chocolate, de modo que os cristais de manteiga de cacau se formem uniformemente distribuídos em todo o volume, evitando que manteiga e massa de cacau se separem e dando ao chocolate uma estrutura final compacta e homogênea. Esse processo garante a rápida secagem do choco-late, o brilho da superfície, a textura macia e um prazo de validade prolongado.

DERRETENDO O CHOCOLATE

O chocolate deve ser derretido à temperatura máxima de 45°C. Há basicamente 3 formas de derreter o chocolate:

• **em banho-maria:** o chocolate deve ser cortado em pedaços pequenos e colocado num recipiente (tigela de vidro ou metal) sobre uma panela de água quente, mas não fervente, e misturado à medida que for amolecendo, até que adquira uma textura lisa.

• **no micro-ondas:** o chocolate picado é colocado em recipiente adequado e derretido na potência média. O tempo irá depender da quantidade de chocolate a ser derretida. O importante é que se façam pausas a cada 30 segundos, quando então o chocolate deve ser vigorosamente misturado, até que derrreta. A finalidade das pausas é evitar que o chocolate queime ou que se formem grânulos de lactose, causados pelo superaquecimento, e resulte numa textura arenosa indesejável.

• **na derretedeira semiprofissional** (aparelho que simula um banho-maria com maior controle de temperatura e tempo): segue-se o mesmo processo do banho-maria. É uma boa opção para quando se necessita manter o chocolate derretido por um longo período de tempo.

TEMPERANDO O CHOCOLATE

O chocolate pode ser temperado de 3 maneiras diferentes:

EM MESA DE MÁRMORE:

- Coloque 2/3 do chocolate derretido numa superfície de mármore ou outra pedra não porosa fria.

- Utilizando uma espátula, mantenha a massa de chocolate em movimento, espalhando-a sem parar.

- Proceda dessa forma até que o chocolate se torne espesso ou alcance a temperatura de 27°C.

- Misture o chocolate espesso ao restante do chocolate derretido e bata vigorosamente até obter uma textura homogênea.

- Após a temperagem, caso seja necessário, aqueça ligeiramente o chocolate para continuar a utilizá-lo.

COM PEDAÇOS DE CHOCOLATE:

- Para 70% de chocolate derretido, acrescente 30% de chocolate picado em pedaços bem pequenos e mexa vigorosamente.

EM BANHO-MARIA GELADO:

- Consiste em mergulhar a tigela de chocolate derretido ainda quente em recipiente com água e gelo e mexer vigorosamente e empregar. É pouco utilizado.

Teste da faca:

Este teste vale para os 3 casos descritos acima. Quando o chocolate estiver na temperatura ideal, mergulhe nele a ponta de uma faca de inox. Se em aproximadamente 3 minutos, em temperatura ambiente, o chocolate secar, é porque está temperado corretamente.

O MUNDO DOS CUPCAKES

CLÁSSICOS

PIC-NIC

Duas sugestões de cupcake para um dia especial. A massa é a mesma, mas a cobertura é diferente e pode ser tranquilamente transportada numa cesta de piquenique ou embalada para presente.

MASSA DE CHOCOLATE AMARGO

2 xícaras de chocolate amargo com
   70% de cacau em pedaços
100 g de manteiga sem sal
5 ovos
1/2 xícara de açúcar
1/4 de xícara de farinha de trigo peneirada
1/3 de xícara de chocolate em pó
1 pitada de sal

GANACHE FINA

3 xícaras de chocolate meio amargo
   (ou ao leite) em pedaços
30 g de manteiga sem sal em pedaços
1 1/3 de xícara de creme de leite fresco
3 colheres (sopa) de glucose de milho

PASTA AMERICANA

1/4 de xícara de água

1/2 colher (sopa) de gelatina em pó sem sabor
1/4 de xícara de glucose de milho
1 colher (sopa) de gordura vegetal hidrogenada
1/2 colher (chá) de essência de baunilha
2 1/2 xícaras de açúcar impalpável

Obs.: se preferir, compre pasta americana pronta.

Além dos ingredientes, você irá **PRECISAR** de:
- forminhas de papel brancas (para os minicupcakes) e pretas (para os cupcakes maiores) próprias para ir ao forno;
- confeitos brancos comestíveis;
- corante alimentar em gel nas cores verde e rosa;
- rolo para abrir massa;
- um cortador redondo de 6,5 cm de diâmetro com babado e outro em formato de folha;
- bala em formato de morango e framboesa. ➡

MASSA DE CHOCOLATE AMARGO

Derreta o chocolate e a manteiga em banho-maria ou no micro-ondas e reserve. Na tigela da batedeira, bata as claras em neve com o sal. Quando estiverem bem fofas, adicione o açúcar e bata um pouco mais. Junte as gemas uma a uma e continue batendo. Adicione o chocolate derretido com a manteiga e misture delicadamente.

Misture os ingredientes secos restantes numa tigela e depois junte à massa. Distribua 8 forminhas de papel na fôrma maior de assar cupcakes e outras 16 na de minicupcakes e preencha com a massa apenas até 3/4 da capacidade. Asse em forno médio (180°C) preaquecido por cerca de 15 minutos para os cupcakes e 10 para os minicupcakes ou até que a massa esteja cozida e levemente dourada. Retire da fôrma e deixe esfriar completamente (de preferência, sobre uma grade) antes de colocar a cobertura.

GANACHE FINA

Enquanto o cupcake esfria, prepare a cobertura. Numa tigela, junte o chocolate e a manteiga. Numa panela, leve o creme de leite ao fogo até ferver. Desligue o fogo e, mexendo bem, junte a glucose para que se dissolva. Despeje essa mistura ainda quente sobre o chocolate e mexa até que fique liso e homogêneo. O calor do creme de leite deve ser suficiente para derreter o chocolate. Empregue imediatamente.

PASTA AMERICANA

Misture a água com a gelatina e derreta no micro-ondas por 20 segundos ou numa tigela em banho-maria. Cozinhe em banho-maria a gelatina, a glucose e a gordura hidrogenada, mexendo com colher de pau até que a gordura se dissolva (sem aquecer demais). Retire do fogo e junte a essência de baunilha. Adicione aos poucos o açúcar à mistura líquida e trabalhe a massa, sovando, até ficar bem elástica e fácil de manusear.

MONTAGEM

Decore os minicupcakes com a ganache fina ainda morna. Coloque a ganache numa tigela funda e vire cada bolinho sobre a ganache para formar uma cobertura homogênea. Com a ganache ainda mole, salpique os confeitos. Deixe secar em temperatura ambiente por cerca de 30 minutos. Enquanto isso, tinja um pedaço de pasta americana de verde, abra com um rolo e corte 16 folhas com o cortador. Decore cada minicupcake com uma bala de morango e uma folha. Tinja outro pedaço de pasta americana de rosa, abra com um rolo e corte 8 discos com o cortador redondo. Coloque um pouco de ganache sobre os cupcakes para colar e aplique a pasta americana. Confeite com a bala de framboesa, umedecendo-a com um pouco de água ou de ganache.

rendimento: 8 cupcakes e 16 minicupcakes

NATAL

Este é um cupcake festivo, especialmente pensado para a noite de Natal.
Que tal colocar um em cada lugar da mesa?

MASSA DE MEL COM ESPECIARIAS

150 g de manteiga sem sal
1 xícara de mel
1 xícara de leite
1 colher (sopa) de suco de limão Taiti
1 xícara de açúcar
2 xícaras de farinha de trigo peneirada
1 colher (chá) de bicarbonato de sódio
1/4 de colher (chá) de cravo-da-índia em pó
1/2 colher (chá) de canela em pó
1/4 de colher (chá) de gengibre em pó
1 pitada de pimenta-do-reino moída na hora
1 pitada de sal

PASTA AMERICANA

(ver receita na p. 39 ou, se preferir,
comprar pronta)

GLACÊ REAL

1 clara
2 1/4 a 2 3/4 de xícara de açúcar de confeiteiro
1 colher (sopa) de suco de limão Taiti

Obs: já existem boas misturas industrializadas para glacê real. Se preferir, utilize-as.

Além dos ingredientes, você irá **PRECISAR** de:

- forminhas de papel pretas e verdes próprias para ir ao forno;
- fita de cetim vermelha;
- corante alimentar em gel nas cores verde, vermelho e dourado;
- açúcar de confeiteiro;
- rolo para abrir massa;
- cortadores com temas natalinos: árvore de natal, flocos de neve e folha;
- pincel fino;
- saco de confeitar com bico liso (perlê fino);
- glitter comestível;
- cortador redondo de 6,5 cm de diâmetro.

MASSA DE MEL COM ESPECIARIAS

Derreta a manteiga em micro-ondas ou no fogo.
Numa tigela, junte a manteiga, o mel, o leite
e o suco de limão.

Em outra tigela, junte os ingredientes secos
e adicione a mistura líquida, misturando aos
poucos até a massa ficar homogênea.
Distribua as forminhas de papel na fôrma
de cupcakes e preencha com a massa apenas
até 3/4 da capacidade. Asse em forno médio
(180°C) preaquecido por cerca de 20 minutos
ou até que a massa esteja cozida e levemente
dourada. Retire da fôrma e deixe esfriar
completamente (de preferência, sobre uma
grade) antes de colocar a cobertura.

GLACÊ REAL

Enquanto os cupcakes esfriam, prepare
a cobertura. Numa tigela, bata a clara
em neve e vá adicionando o açúcar aos
poucos até obter uma consistência firme.
Junte o suco de limão e bata para
homogeneizar.

MONTAGEM

Antes de decorar os cupcakes, amarre
uma fita de cetim em volta das forminhas
de papel e dê um laço.

Tinja uma pequena porção de pasta americana
de verde, outra porção de vermelho e deixe
uma parte branca. Reserve.

Com uma peneira fina polvilhe o açúcar
de confeiteiro sobre os cupcakes.

Abra a pasta americana verde com o rolo
e corte 3 árvores com um cortador.

Caso deseje decorá-la, faça desenhos com glacê
real aplicado com saco de confeitar e bico perlê
bem fininho. Pincele com corante dourado.

Nas pontas, coloque bolinhas de glacê real
misturado com corante vermelho.

Abra a pasta americana branca e, com
o cortador próprio, corte 3 flocos de neve
e aplique nos cupcakes.

Jogue um pouco de glitter.

Abra a massa branca e corte 4 círculos com
o cortador para fazer os cupcakes com o
visgo ou mistletoe (flor usada na decoração
de Natal dos americanos e europeus).

Aplique nos cupcakes usando um pouco
de água para colar.

Com um cortador de folha, corte 12 folhas.

Forme a flor com a pasta americana vermelha,
fazendo 12 bolinhas pequenas. Coloque 3 bolinhas
no centro e 3 folhas ao redor.

rendimento: 10 cupcakes

BRÛLÉ

Não há nada mais saboroso e acolhedor que um bom bolo de banana.
E se ele vier em pequenas porções, coberto com um merengue queimadinho?
Ideal para um lanche, ou até para uma sobremesa leve, que "chama" um cafezinho para acompanhar.

MASSA DE BANANA CARAMELADA

2 bananas-nanicas grandes e maduras
em rodelas

1 1/4 de xícara de açúcar

1 colher (chá) de canela em pó

2 ovos

1 xícara de farinha de trigo peneirada

1 colher (sopa) de fermento em pó

1/2 xícara de óleo de milho

1/3 de xícara de nozes picadas

1/2 colher (chá) de essência de baunilha

MERENGUE ITALIANO

1 2/3 de xícara de açúcar

1/2 de xícara de água

2/3 de xícara de claras (3 a 4 claras)

Além dos ingredientes, você irá **PRECISAR** de:

• forminhas de papel pretas próprias para
ir ao forno;

• saco de confeitar descartável sem bico;

• maçarico de cozinha.

MASSA DE BANANA CARAMELADA

Numa frigideira pequena, coloque a banana
com 1/4 de xícara do açúcar e a canela.
Deixe o açúcar derreter até caramelar,
virando as rodelas no meio do processo.
Amasse bem com um garfo e reserve.
Numa tigela, bata com a batedeira os
ovos com o açúcar restante. Aos poucos,
vá adicionando a farinha de trigo, o fermento,
o óleo, as nozes e a essência de baunilha e bata.

Junte a banana caramelada e misture.
Distribua as forminhas de papel na fôrma
de cupcakes e preencha com a massa apenas até
3/4 da capacidade. Asse em forno médio (180°C)
preaquecido por cerca de 15 minutos ou até que
a massa esteja cozida e levemente dourada.
Retire da fôrma e deixe esfriar completamente
(de preferência, sobre uma grade) antes de
colocar a cobertura.

MERENGUE ITALIANO

Enquanto os cupcakes esfriam, prepare a
cobertura. Numa panela pequena, junte o açúcar
e a água e leve ao fogo. Deixe ferver e cozinhe
até atingir a temperatura de 115°C, ou o ponto de
fio fino (as bolhas ficam mais fortes e, ao pegar
um pouco da calda com uma colher e derramar
na panela, ela cai em forma de fio e a última gota
forma um fio fino de caramelo). Enquanto isso,
numa tigela, bata a clara em ponto de neve firme.
Retire a calda do fogo e, com a batedeira em
velocidade baixa, vá acrescentando num fio a
calda de açúcar quente sobre as claras. Bata o
merengue em velocidade máxima até esfriar.

MONTAGEM

Coloque o merengue num saco de confeitar, ou
use uma colher, e forme um caracol sobre cada
cupcake, começando na borda e depois subindo
até formar um bico. Queime a cobertura com um
maçarico, produzindo um efeito brûlé.

rendimento: 12 cupcakes

FRAMBOESA COM MERENGUE

Este cupcake é ideal para um chá da tarde, pois sua massa
e cobertura são bastante leves e seu paladar delicado.
Sirva com chá, suco de fruta ou "ouse" com um espumante rosé.

MASSA DE FRAMBOESA

- **1** xícara de framboesa fresca ou congelada
- **225** g de manteiga sem sal em temperatura ambiente
- **1 1/4** de xícara de açúcar
- **4** ovos
- **2** xícaras de farinha de trigo peneirada
- **1** colher (chá) de fermento em pó

MERENGUE SUÍÇO

- **8** claras
- **2** xícaras de açúcar

Além dos ingredientes, você irá **PRECISAR** de:

- forminhas de papel pretas próprias para ir ao forno;
- saco de confeitar descartável sem bico;
- framboesa fresca ou bala em formato de framboesa para decorar.

MASSA DE FRAMBOESA

Caso vá utilizar framboesa congelada, retire do freezer com 24 horas de antecedência e deixe descongelar numa peneira sobre uma tigela na geladeira, para eliminar toda a água.
Na tigela da batedeira, bata a manteiga com o açúcar até obter uma mistura bem cremosa e fofa. Adicione os ovos um a um, batendo sempre. Reduza a velocidade e vá juntando a farinha aos poucos. No final, adicione o fermento.

Junte a framboesa e misture delicadamente. Distribua as forminhas de papel na fôrma de cupcakes e preencha com a massa apenas até 3/4 da capacidade. Asse em forno médio (180°C) preaquecido por cerca de 15 minutos ou até que a massa esteja cozida e levemente dourada. Retire da fôrma e deixe esfriar completamente (de preferência, sobre uma grade) antes de colocar a cobertura.

MERENGUE SUÍÇO

Enquanto os cupcakes esfriam, prepare a cobertura. Numa panela pequena, misture a clara e o açúcar. Leve direto ao fogo baixíssimo (ou em banho-maria), mexendo bem, até que o açúcar derreta. Tome muito cuidado para não deixar a clara cozinhar. Despeje a mistura ainda quente numa tigela e bata com a batedeira até que esteja firme.

MONTAGEM

Coloque o merengue num saco de confeitar, ou use uma colher, e molde uma bola no topo de cada cupcake, deixando um pouco da massa aparecendo nas laterais. Finalize decorando com uma framboesa natural ou bala em formato de framboesa (com a bala, eles ficam mais bonitos e duram mais).

rendimento: 12 cupcakes

BAUNILHA EM TONS PASTEL

O clássico. Dispensa apresentação.

MASSA DE BAUNILHA COM LIMÃO

150 g de manteiga sem sal em
  temperatura ambiente

1 xícara de açúcar

2 ovos

1/3 de xícara de leite

1 colher (sopa) de essência de baunilha

2 xícaras de farinha de trigo peneirada

2 colheres (chá) de fermento em pó

raspas de casca de **2** limões
  (**1** Taiti e **1** siciliano)

CREME DE MANTEIGA COM CLARA

merengue italiano (ver receita na p. 44)

1/2 fava de baunilha ou **1 1/2** colher (chá)
  de essência

250 g de manteiga sem sal gelada
  em cubos médios

Além dos ingredientes, você irá PRECISAR de:

• forminhas de papel amarelas próprias para ir
  ao forno;

• 4 sacos de confeitar descartáveis sem bico;

• corante alimentar em gel nas cores amarelo,
  verde, azul e rosa.

MASSA DE BAUNILHA COM LIMÃO

Na tigela da batedeira, bata a manteiga com o
açúcar até obter uma mistura bem cremosa e fofa.
Adicione os ovos um a um e continue batendo.

Reduza a velocidade, junte o leite e a baunilha
e vá adicionando a farinha aos poucos,
batendo sempre. No final, adicione o
fermento e as raspas de casca de limão.
Distribua as forminhas de papel na fôrma
de cupcakes e preencha com a massa apenas até
3/4 da capacidade. Asse om forno médio (180°C)
preaquecido por cerca de 15 minutos ou até que
a massa esteja cozida e levemente dourada.
Retire da fôrma e deixe esfriar completamente
(de preferência, sobre uma grade) antes de
colocar a cobertura.

CREME DE MANTEIGA COM CLARA

Enquanto os cupcakes esfriam, prepare a cobertura conforme a receita de merengue italiano, mas
acrescentando no início a fava de baunilha cortada
ao meio no sentido longitudinal e as sementes
raspadas à calda. Antes de adicionar a calda ao
merengue, retire a fava. Quando o merengue
estiver frio, junte aos poucos a manteiga gelada
e bata em velocidade alta até o creme encorpar.

MONTAGEM

Divida o creme de manteiga em 4 potes e
adicione algumas gotas de corante até formar
tons claros de verde, azul, amarelo e rosa.
Coloque as coberturas em sacos de confeitar
separados, ou use uma colher, e forme um
caracol em cima de cada cupcake, começando
na borda e subindo até formar um bico.

rendimento: 16 cupcakes

TORTA DE MORANGO

A combinação da massa leve e untuosa com a cobertura de cream cheese e a fruta fazem deste cupcake um acontecimento único. Sirva como sobremesa.

MASSA DE CHOCOLATE AMARGO

(ver receita na p. 39, na hora de assar, use 16 forminhas de papel)

COBERTURA DE CREAM CHEESE

250 g de cream cheese

30 g de manteiga sem sal em temperatura ambiente

2 1/2 xícaras de açúcar de confeiteiro

Além dos ingredientes, você irá **PRECISAR** de:

- forminhas de papel pretas próprias para ir ao forno;
- saco de confeitar descartável sem bico;
- peneira fina;
- chocolate em pó;
- 12 morangos frescos.

COBERTURA DE CREAM CHEESE

Enquanto o cupcake esfria, faça a cobertura. Numa tigela, junte o cream cheese e a manteiga e bata com a batedeira em velocidade alta até homogeneizar. Acrescente o açúcar e bata por mais alguns minutos até incorporar e o creme ficar levemente aerado.

MONTAGEM

Coloque a cobertura num saco de confeitar, ou use uma colher, e forme um caracol sobre cada cupcake, começando na borda e depois subindo até formar um bico. Com uma peneira, polvilhe um pouco de chocolate em pó e finalize com um morango inteiro.

rendimento: 16 cupcakes

BLUEBERRY

Muito elegante e nobre, este cupcake é leve e extremamente saboroso.
O acabamento com a fruta o deixa com uma aparência irresistível.
Se quiser, substitua a blueberry da massa por uva-passa, uva preta fresca ou amora.

MASSA DE BLUEBERRY

1 1/2 xícara de blueberry fresca ou congelada

1 xícara de óleo de milho

1 potinho de iogurte natural (**200** g)

4 ovos

2 xícaras de farinha de trigo peneirada

1 1/2 xícara de açúcar

1 colher (sopa) de fermento em pó

MERENGUE ITALIANO

(ver receita na p. 44)

Além dos ingredientes, você irá **PRECISAR** de:

- forminhas de papel lilás próprias para ir ao forno;
- saco de confeitar descartável sem bico;
- blueberry para decorar.

MASSA DE BLUEBERRY

Caso vá utilizar blueberry congelada, retire do freezer com 24 horas de antecedência e deixe descongelar numa peneira sobre uma tigela na geladeira para eliminar toda a água.

Com um batedor de arame (fouet), misture numa tigela o óleo, o iogurte e os ovos. Em outra tigela, misture a farinha, o açúcar e o fermento. Aos poucos, junte os ingredientes secos à mistura de líquidos, mexendo bem para evitar a formação de grumos. Passe as blueberries num pouco de farinha de trigo e junte à massa, misturando delicadamente. Distribua as forminhas de papel na fôrma de cupcakes e preencha com a massa apenas até 3/4 da capacidade. Asse em forno médio (180°C) preaquecido por cerca de 15 minutos ou até que a massa esteja cozida e levemente dourada. Retire da fôrma e deixe esfriar completamente (de preferência, sobre uma grade) antes de colocar a cobertura.

MONTAGEM

Coloque o merengue dentro de um saco de confeitar, ou use uma colher, e forme um caracol sobre cada cupcake, começando na borda e depois subindo até formar um bico. Decore com uma blueberry no topo.

rendimento: 12 cupcakes

52

LAVANDA

Um cupcake para connoisseur. A lavanda dá um perfume especial
a este bolinho que, combinado com a cobertura de manteiga e limão,
fica perfeito para acompanhar um chá cítrico ou verde.

MASSA DE LAVANDA

1 xícara de açúcar

100 g de manteiga sem sal em
  temperatura ambiente

1 ovo

1 clara

1 potinho de iogurte natural (200 g)

1 colher (chá) de essência de baunilha

2 colheres (sopa) de lavanda seca

1 1/3 de xícara de farinha de trigo peneirada

1 colher (sopa) de fermento em pó

1 pitada de sal

CREME DE MANTEIGA COM LIMÃO

90 g de manteiga sem sal em
  temperatura ambiente

2 xícaras de açúcar de confeiteiro

1 colher (sopa) de suco de limão Taiti

raspas de casca de 1/2 limão Taiti e 1/2 siciliano

Além dos ingredientes, você irá **PRECISAR** de:

• forminhas de papel lilás próprias para ir ao forno;

• açúcar cristal;

• corante alimentar em gel lilás;

• ramos de lavanda fresca para decorar.

MASSA DE LAVANDA

Na tigela da batedeira, bata o açúcar com a
manteiga até obter uma mistura bem cremosa
e fofa. Adicione o ovo e a clara, batendo bem
depois de cada adição. Junte o iogurte, a baunilha
e a lavanda e bata um pouco mais. Adicione a
farinha aos poucos, batendo em velocidade baixa.
Junte o fermento e o sal e bata até misturar.
Distribua as forminhas de papel na fôrma de
cupcakes e preencha com a massa apenas até
3/4 da capacidade. Asse em forno médio (180°C)
preaquecido por cerca de 15 minutos ou até que
a massa esteja cozida e levemente dourada.
Retire da fôrma e deixe esfriar completamente
(de preferência, sobre uma grade) antes de
colocar a cobertura.

CREME DE MANTEIGA COM LIMÃO

Enquanto o cupcake esfria, faça a cobertura.
Na tigela da batedeira, bata a manteiga até ficar
fofa e levemente aerada. Junte o açúcar e bata
por mais alguns minutos. Adicione o suco e as
raspas de casca de limão e bata até obter uma
mistura homogênea e cremosa.

MONTAGEM

Numa tigela pequena, junte o açúcar cristal
e o corante e misture bem com as mãos
até obter a cor desejada. Reserve.
Coloque 1/2 colher de sopa de creme de
manteiga sobre cada cupcake e espalhe.
Polvilhe com açúcar tingido e decore com
um raminho de lavanda fresca.

rendimento: 12 cupcakes

floridos

FLORES DO CAMPO

Estes cupcakes são delicados e leves, ideais para um chá da tarde.
De sabor mais nobre (nozes) são também elegantes e podem ser feitos em versão
mini para acompanhar um café no final de um almoço de primavera.

MASSA DE NOZES

- 1 1/2 xícara de nozes
- 140 g de manteiga sem sal em temperatura ambiente
- 1 1/2 xícara de açúcar
- 4 ovos
- 1 xícara de farinha de trigo peneirada
- 2 colheres (chá) de fermento em pó

MERENGUE SUÍÇO

(ver receita na p. 47)

Além dos ingredientes, você irá **PRECISAR** de:
- forminhas de papel brancas próprias para ir ao forno;
- saco de confeitar descartável sem bico;
- flores variadas.

MASSA DE NOZES

Num processador de alimentos, triture as nozes. Junte a manteiga e, batendo em velocidade baixa, acrescente os demais ingredientes. Bata até misturar.

Distribua as forminhas de papel na fôrma de cupcakes e preencha com a massa apenas até 3/4 da capacidade. Asse em forno médio (180°C) preaquecido por cerca de 15 minutos ou até que a massa esteja cozida e levemente dourada. Retire da fôrma e deixe esfriar completamente (de preferência, sobre uma grade) antes de colocar a cobertura.

MONTAGEM

Coloque o merengue num saco de confeitar, ou use uma colher, e forme um caracol sobre cada cupcake, começando na borda e depois subindo até formar um bico. Enfeite os cupcakes com as flores.

rendimento: 12 cupcakes

MIMOSO

Uma receita clássica com decoração primorosa. Um mimo!
Tudo o que deve ter um cupcake para ser perfeito. Fica ideal na versão mini...

POUND CAKE

- **120** g de manteiga sem sal em temperatura ambiente
- **3/4** de xícara de açúcar
- **2** ovos
- **1/2** fava de baunilha (corte ao meio e raspe as sementes)
- **3/4** de xícara de farinha de trigo peneirada
- **1** colher (chá) de fermento em pó

MERENGUE ITALIANO

(ver receita na p. 44)

Além dos ingredientes, você irá PRECISAR de:
- forminhas para minicupcakes de papel brancas próprias para ir ao forno;
- saco de confeitar descartável sem bico;
- miniflores de tecido verdes;
- minixícaras de chá brancas de plástico.

POUND CAKE

Numa tigela, bata com a batedeira a manteiga e o açúcar até obter uma mistura bem cremosa e fofa. Adicione os ovos um a um e bata mais um pouco.

Junte as sementes de baunilha e adicione a farinha aos poucos, batendo na velocidade baixa. No final, acrescente o fermento. Distribua as forminhas de papel na fôrma de minicupcakes e preencha com a massa apenas até 3/4 da capacidade. Asse em forno médio (180°C) preaquecido por cerca de 10 minutos ou até que a massa esteja cozida e levemente dourada. Retire da fôrma e deixe esfriar completamente (de preferência, sobre uma grade) antes de colocar a cobertura.

Obs.: substitua 1/2 xícara de farinha de trigo pela mesma quantidade de chocolate em pó e obtenha uma massa de pound cake de chocolate.

MONTAGEM

Coloque o merengue num saco de confeitar, ou use uma colher, e forme um caracol no topo de cada minicupcake, começando na borda e depois subindo até formar um bico. Decore cada um com algumas flores de tecido verdes. E finalize colocando os bolinhos dentro das minixícaras.

rendimento: 24 minicupcakes

BEM ME QUER

Este cupcake é superleve e saboroso, pois sua massa untuosa
de coco fica suavizada pelo merengue italiano.
É perfeito para acompanhar um cafezinho, cappucino...

MASSA DE COCO

120 g de manteiga sem sal em
temperatura ambiente

1 xícara de açúcar

1 1/4 de xícara de farinha de trigo peneirada

2/3 de xícara de leite de coco

2 colheres (chá) de fermento em pó

1/2 xícara de coco fresco ralado

2 claras

1 pitada de sal

MERENGUE ITALIANO

(ver receita na p. 44)

Além dos ingredientes, você irá **PRECISAR** de:
• forminhas de papel brancas próprias para ir
ao forno;
• saco de confeitar descartável sem bico;
• 12 flores de açúcar variadas de cor clara.

MASSA DE COCO

Na tigela da batedeira, bata a manteiga e
o açúcar até obter um creme claro e aerado.

Reduza a velocidade e, aos poucos, junte a
farinha de trigo intercalada com o leite de coco.
Adicione o fermento, o coco ralado e o sal.
Bata um pouco mais. Reserve.
Numa tigela, bata as claras em neve e
misture delicadamente à massa de coco.
Distribua as forminhas de papel na fôrma
de cupcakes e preencha com a massa apenas até
3/4 da capacidade. Asse em forno médio (180°C)
preaquecido por cerca de 15 minutos ou até que a
massa esteja cozida e levemente dourada.
Retire da fôrma e deixe esfriar completamente
(de preferência, sobre uma grade) antes
de colocar a cobertura.

MONTAGEM

Coloque o merengue num saco de confeitar,
ou use uma colher, e forme um caracol no
topo de cada cupcake, começando na borda
e depois subindo até formar um bico. Finalize
decorando cada um com uma flor de açúcar.

rendimento: 12 cupcakes

MINIRROSAS

De causar impacto, este cupcake é um presente, um mimo especial
para aquela pessoa querida, ou uma delícia para deixar sua mesa ainda
mais linda e com cara de chá inglês.

MASSA DE BLUEBERRY

(ver receita na p. 52)

CREME DE MANTEIGA COM GEMA

2 xícaras de açúcar

3/4 de xícara de água

6 gemas

500 g de manteiga sem sal gelada em pedaços

1 colher (chá) de essência de baunilha

Além dos ingredientes, você irá **PRECISAR** de:

- forminhas de papel brancas próprias para
  ir ao forno;
- fita de cetim fina rosa-claro;
- pasta americana (ver receita na p. 39 ou,
  se preferir, comprar pronta);
- corante alimentar em gel nas cores amarelo
  e rosa;
- rolo para abrir massa;
- saco de confeitar descartável sem bico.

CREME DE MANTEIGA COM GEMA

Quando os bolinhos estiverem frios, prepare a
cobertura. Numa panela, leve o açúcar e a água
para ferver até o açúcar dissolver. Abaixe o fogo
e deixe a calda atingir a temperatura de 115°C,
ou ponto de fio (as bolhas ficam mais fortes e,
ao pegar um pouco da calda com uma colher e
derramar na panela, ela cai em forma de fio
e a última gota forma um fio fino de caramelo).
Enquanto isso, numa tigela, bata as gemas até
ficarem bem aeradas. Reduza a velocidade da
batedeira e, batendo sempre, despeje a calda
quente em fio. Aumente a velocidade e bata
até que a mistura fique fria e com uma textura
bem leve. Reduza novamente a velocidade
e incorpore gradualmente a manteiga.
Por fim, junte a baunilha e misture.

MONTAGEM

Antes de decorar os cupcakes, amarre
uma fita de cetim em volta das forminhas
de papel e dê um laço.
Para as minirrosas, divida a pasta americana
em 3 partes. Tinja uma delas com corante rosa
e outra com amarelo e deixe uma parte branca.
Abra com um rolo os pedaços de pasta e corte
em tiras de 0,5 cm x 3 cm.
Coloque cada tira esticada na palma da mão
e enrole com o polegar, formando uma minirrosa.
Usando um saco de confeitar ou uma colher,
cubra o cupcake com uma porção de creme
de manteiga e distribua as flores, alternando
as cores.

rendimento: 12 cupcakes

NARCISOS

Combine estes cupcakes com um tradicional bolo de noiva com pasta americana no topo ou simplesmente substitua o tradicional bolo de noiva.

MASSA DE BAUNILHA COM GEMA

- 2 1/4 de xícara de farinha de trigo peneirada
- 2 colheres (sopa) de fermento em pó
- 120 g de manteiga sem sal em temperatura ambiente
- 1 1/4 de xícara de açúcar
- 3 gemas
- 1 colher (sopa) de essência de baunilha
- 3/4 de xícara de leite
- 1 pitada de sal

MERENGUE ITALIANO
(ver receita na p. 44)

Além dos ingredientes, você irá **PRECISAR** de:
- forminhas de papel pretas próprias para ir ao forno;
- saco de confeitar descartável sem bico;
- 12 flores de açúcar na cor amarelo.

MASSA DE BAUNILHA COM GEMA
Numa tigela, junte a farinha, o fermento e o sal e reserve.

Em outra tigela, bata com a batedeira a manteiga e o açúcar até obter uma mistura cremosa. Junte as gemas uma a uma e bata bem. Acrescente a essência de baunilha. Aos poucos e alternadamente, adicione o leite e a mistura de ingredientes secos, batendo em velocidade baixa até formar uma massa densa e homogênea. Distribua as forminhas de papel na fôrma de cupcakes e preencha com a massa apenas até 3/4 da capacidade. Asse em forno médio (180°C) preaquecido por cerca de 15 minutos ou até que a massa esteja cozida e levemente dourada. Retire da fôrma e deixe esfriar completamente (de preferência, sobre uma grade) antes de colocar a cobertura.

MONTAGEM
Coloque o merengue no saco de confeitar, ou use uma colher, e cubra cada cupcake formando um caracol, começando na borda e depois subindo até formar um bico. Aplique uma flor em cada bolinho.

rendimento: 12 cupcakes

LILAC

Lindo e com sabor rico e marcante, este cupcake enche os olhos.
Pode ser servido a qualquer hora do dia, pois é muito leve.

MASSA DE MANDIOCA COM COCO

- **40** g de manteiga sem sal em
  temperatura ambiente
- **1/4** de xícara de açúcar
- **4** gemas
- **1/3** de xícara de coco fresco ralado
- **1** xícara de mandioca crua ralada
- **1** colher (sopa) de fermento em pó
- **2** claras
- **1** pitada de sal

Além dos ingredientes, você irá **PRECISAR** de:

- forminhas de papel amarelas próprias para
  ir ao forno;
- corante alimentar em gel na cor roxo;
- açúcar cristal;
- 12 flores de açúcar nas cores lilás e amarelo.

MASSA DE MANDIOCA COM COCO

Numa tigela, bata com a batedeira a manteiga
e o açúcar, até obter uma mistura cremosa.
Junte as gemas uma a uma e bata mais um pouco.
Acrescente o coco ralado, a mandioca e o sal e
misture bem sem bater. No final, junte o fermento
e as claras em neve e mexa com cuidado.
Distribua as forminhas de papel na fôrma de
cupcakes e preencha com a massa apenas até
3/4 da capacidade. Asse em forno médio (180°C)
preaquecido por cerca de 25 minutos ou até
que a massa esteja cozida e levemente dourada.
Retire da fôrma e deixe esfriar um pouco (de
preferência, sobre uma grade).

MONTAGEM

Quando os bolinhos estiverem ainda mornos,
misture o corante no açúcar cristal e polvilhe
abundantemente sobre os cupcakes.
Decore com uma flor de açúcar.

rendimento: 8 cupcakes

modernos

CAPIM-LIMÃO

Este cupcake fica lindo e melhor se feito em versão mini, pois seu sabor é muito pronunciado e impactante e servi-lo em "pequenas doses" o torna mais interessante. Perfeito para um chá da tarde...

MASSA DE CAPIM-LIMÃO

1 xícara de capim-limão fresco picado
(ou 4 saquinhos de chá de erva-cidreira)
1 1/2 xícara de água
2 ovos
3/4 de xícara de açúcar
1 1/2 xícara de farinha de trigo peneirada
2 colheres (sopa) de leite em pó
1 colher (sopa) de fermento em pó
1/2 xícara de óleo de milho

MERENGUE ITALIANO

(ver receita na p. 44)

Além dos ingredientes, você irá **PRECISAR** de:
• forminhas para minicupcakes de papel brancas próprias para ir ao forno;
• saco de confeitar com bico liso (perlê);
• corante alimentar em gel na cor verde-maçã.

MASSA DE CAPIM-LIMÃO

Numa panela pequena, junte o capim-limão e a água e ferva por 5 minutos, até produzir um chá bem forte. A infusão, depois de fervida, deve render cerca de 1 xícara. Reserve.

Numa tigela, bata com a batedeira os ovos e o açúcar até a mistura dobrar de volume. Misture a farinha, o leite em pó e o fermento numa tigela e a infusão e o óleo em outra. Junte os líquidos aos secos e, no final, incorpore a espuma de ovos com açúcar, mexendo delicadamente.

Distribua as forminhas de papel na fôrma de minicupcakes e preencha com a massa apenas até 3/4 da capacidade. Asse em forno médio (180°C) preaquecido por cerca de 10 minutos ou até que a massa esteja cozida e levemente dourada. Retire da fôrma e deixe esfriar completamente (de preferência, sobre uma grade) antes de colocar a cobertura.

MONTAGEM

Coloque o merengue num pote e tinja com corante verde. Transfira para um saco de confeitar com bico liso, ou use uma colher, e cubra cada minicupcake fazendo uma bola de merengue centralizada. Puxe devagar para formar ondas e, no final, um bico.

rendimento: 24 minicupcakes

PRETO & BRANCO

Tem uma expressão que eu adoro... menos é mais!!!
É pra lá de chique e combina com qualquer ocasião.

MASSA COM GOTAS DE CHOCOLATE

250 g de manteiga sem sal em
  temperatura ambiente
1 1/4 de xícara de açúcar
4 ovos
2 xícaras de farinha de trigo peneirada
1 colher (sopa) de fermento em pó
1 xícara de gotas de chocolate ao leite
  ou meio amargo

MERENGUE ITALIANO

(ver receita na p. 44)

Além dos ingredientes, você irá PRECISAR de:
- forminhas para minicupcakes de papel
  marrons ou pretas próprias para ir ao forno;
- saco de confeitar com bico liso (perlê).

Distribua as forminhas de papel na
fôrma de minicupcakes e preencha
com a massa apenas até 3/4 da
capacidade. Asse em forno médio
(180°C) preaquecido por cerca de
10 minutos ou até que a massa
esteja cozida e levemente dourada.
Retire da fôrma e deixe esfriar
completamente (de preferência,
sobre uma grade) antes de colocar
a cobertura.

Obs.: essa é uma massa bem básica.
As gotas de chocolate podem ser
substituídas por frutas oleaginosas
ou secas (castanha, nozes, amêndoa,
uva-passa, damasco etc.) ou mesmo
ser usada "pura", temperada com

CHOCOLATE BRÛLÉ

Uma sobremesa deliciosa. Assada na própria xícara, fica supercharmosa.
A combinação de massa cremosa de chocolate
e creme inglês (de gema) faz deste um cupcake diferente.

MASSA CREMOSA DE CHOCOLATE

60 g de manteiga sem sal

300 g de chocolate meio amargo em pedaços

1 1/2 xícara de creme de leite fresco

1/4 de xícara de glucose de milho

6 ovos

1/4 de xícara de açúcar mascavo

1 pitada de sal

CREME INGLÊS

2 xícaras de creme de leite fresco

1/2 fava de baunilha (corte ao meio
  e raspe as sementes)

3/4 de xícara de açúcar

6 gemas

Além dos ingredientes, você irá **PRECISAR** de:

• 12 xícaras refratárias para assar a massa;

• açúcar para polvilhar;

• maçarico de cozinha.

MASSA CREMOSA DE CHOCOLATE

Numa tigela, derreta a manteiga e o chocolate
em banho-maria ou no micro-ondas.
Junte os demais ingredientes e mexa bem
até ficar homogêneo.

Distribua a massa nas xícaras e asse em
forno médio (180°C) preaquecido por 15 minutos
ou até crescer, sem deixar cozinhar demais.

CREME INGLÊS

Enquanto a massa está no forno, prepare o
creme inglês. Numa panela, ferva o creme
de leite, a fava e as sementes de baunilha e
metade do açúcar.
Enquanto isso, misture bem com um batedor
de arame as gemas e o açúcar restante.
Despeje aos poucos a mistura de creme de
leite sobre as gemas, mexendo sem parar.
Volte a mistura para a panela e cozinhe em
fogo baixo, sem deixar ferver e mexendo sempre,
por mais alguns minutos, até que o creme esteja
levemente espesso (cobrindo as costas da colher).
Retire o creme imediatamente da panela
(o calor residual pode fazê-lo "talhar") e
transfira para outro recipiente, peneirando
para tirar a fava da baunilha.

MONTAGEM

Assim que os cupcakes saírem do forno,
complete as xícaras com porções do creme.
Polvilhe açúcar por cima e queime
com o maçarico. Sirva imediatamente.

rendimento: 12 cupcakes

LISTRADO

Este cupcake é bastante simples de ser feito e causa impacto.
A finalização com chocolate e a aplicação de transfer fazem dele uma opção
excelente para brinde corporativo ou lembrancinha de festa.

MASSA DE CACAU

3/4 de xícara de chocolate meio amargo
em pedaços

100 g de manteiga sem sal

5 ovos

1/2 xícara de açúcar

2 colheres (sopa) de farinha de trigo peneirada

1/3 de xícara de chocolate em pó

MERENGUE ITALIANO

(ver receita na p. 44)

CHOCOLATE MEIO AMARGO
TEMPERADO

(ver receita na p. 34, use 200 g)

Além dos ingredientes, você irá **PRECISAR** de:

- forminhas de papel vermelhas próprias para
  ir ao forno;
- saco de confeitar descartável sem bico;
- 1 folha de transfer para chocolate.

MASSA DE CACAU

Derreta o chocolate e a manteiga em
banho-maria ou no micro-ondas e reserve.
Numa tigela, misture as gemas com metade
do açúcar. Junte ao chocolate e misture.
Na tigela da batedeira, bata as claras em
neve. Quando estiverem bem fofas, adicione
o açúcar restante e bata um pouco mais.

Adicione o chocolate derretido com a
manteiga e misture delicadamente.
Misture os ingredientes secos numa
tigela à parte e depois junte à massa.
Distribua as forminhas de papel na fôrma
de cupcakes e preencha com a massa
apenas até 3/4 da capacidade.
Asse em forno médio (180°C) preaquecido
por cerca de 12 minutos ou até que a massa
esteja cozida e levemente dourada.
Retire da fôrma e deixe esfriar completamente
(de preferência, sobre uma grade) antes de
colocar a cobertura.

MONTAGEM

Com uma colher ou saco de confeitar, aplique
um pouco de merengue sobre os bolinhos.
Coloque a folha de transfer com o lado
poroso para cima numa assadeira ou tábua.
Disponha o chocolate temperado numa tigela
funda. Com cuidado e agilidade, vire o cupcake
coberto com merengue no chocolate para
formar uma casquinha. Desvire rapidamente
e apoie o cupcake (de cabeça para baixo)
sobre o transfer, achatando o merengue.
Quando todos os bolinhos estiverem com
cobertura de chocolate e de cabeça para baixo,
transfira para a geladeira e refrigere por cerca de
10 minutos ou até que a casquinha endureça. Com
cuidado, retire os cupcakes da folha de transfer.

rendimento: 12 cupcakes

black pepper
2 tablespoons imported capers

Place the lettuce in a large bowl.
Whisk together the vinegar, oil, mustard
and salt and pepper. Toss with the lettuce.
Sprinkle the capers on top of the salad.

CONFETES

A combinação da forminha lilás com as cores pastel da decoração dá
a este cupcake um ar simples e moderno, podendo ser servido em diversos momentos.
A massa de maçã e gengibre com cobertura macia de merengue o torna ainda mais irresistível.

MASSA DE MAÇÃ COM GENGIBRE

125 g de manteiga sem sal em
temperatura ambiente

1/2 xícara de açúcar

1/2 xícara de mel

1/2 xícara de iogurte natural

2 ovos

1 1/2 xícara de farinha de trigo peneirada

1 colher (chá) de fermento em pó

1/2 colher (chá) de bicarbonato de sódio

1 colher (sopa) de gengibre fresco ralado

2 maçãs verdes com casca em cubinhos

suco de **1/2** limão Taiti

1 pitada de sal

MERENGUE ITALIANO

(ver receita na p. 44)

Além dos ingredientes, você irá **PRECISAR** de:

- forminhas de papel lilás próprias para ir
  ao forno;
- saco de confeitar descartável sem bico;
- pasta americana (ver receita na
  p. 39 ou, se preferir, comprar pronta);
- corante alimentar em gel nas cores azul,
  verde, rosa e laranja;
- rolo para abrir massa;
- cortador com 0,5 cm de diâmetro.

MASSA DE MAÇÃ COM GENGIBRE

Numa tigela, bata com a batedeira a manteiga e o
açúcar até obter uma mistura cremosa e aerada.
Junte o mel e o iogurte e bata mais um pouco.
Sem parar de bater, adicione os ovos um a um.
Junte a farinha, o fermento, o bicarbonato, o sal
e o gengibre e bata mais um pouco até misturar.
Acrescente a maçã e o suco de limão e misture
delicadamente.
Distribua as forminhas de papel na fôrma de
cupcakes e preencha com a massa apenas
até 3/4 da capacidade. Asse em forno médio
(180°C) preaquecido por cerca de 15 minutos
ou até que a massa esteja cozida e levemente
dourada. Retire da fôrma e deixe esfriar completamente (de preferência, sobre uma grade) antes de
colocar a cobertura.

MONTAGEM

Separe pedaços de pasta americana e tinja
cada parte com uma cor. Abra cada parte com
o rolo e corte círculos de 0,5 cm de diâmetro.
Coloque o merengue dentro de um saco de
confeitar, ou use uma colher, e forme um
caracol sobre cada cupcake, começando na
borda e depois subindo até formar um bico.
Aplique os confetes nos cupcakes.

rendimento: 12 cupcakes

SORVETE COM MARSHMALLOW

Este cupcake é extremamente simples e especial, ideal para ser servido numa tarde de verão, como sobremesa num churrasco na praia ou mesmo como um lanche diferente para as crianças. Você pode combinar diferentes massas e sorvetes. Experimente fazer uma massa básica de baunilha e cobrir cada cupcake com um sabor diferente de sorvete. Vai ficar colorido e lindo, e, com certeza, agradará a todos.

MASSA DE CHOCOLATE

- **200** g de manteiga sem sal em temperatura ambiente
- **1 1/4** de xícara de açúcar
- **3** ovos
- **1 1/4** de xícara de chocolate em pó
- **1 1/2** xícara de farinha de trigo peneirada
- **1** xícara de leite
- **1** colher (chá) de essência de baunilha
- **1** colher (sopa) de fermento em pó
- **1** pitada de sal

Além dos ingredientes, você irá **PRECISAR** de:
- forminhas de papel marrons próprias para ir ao forno;
- sorvete de creme;
- boleador de sorvete;
- marshmallows coloridos;
- pás de sorvete.

MASSA DE CHOCOLATE

Numa tigela, bata com a batedeira a manteiga e o açúcar até obter uma mistura cremosa. Junte os ovos um a um e bata um pouco mais. Aos poucos, vá acrescentando alternadamente os ingredientes secos e líquidos e batendo em velocidade baixa. Ao final, junte o fermento. Distribua as forminhas de papel na fôrma de cupcakes e preencha com a massa apenas até 3/4 da capacidade. Asse em forno médio (180°C) preaquecido por cerca de 15 minutos ou até que a massa esteja cozida e levemente dourada. Retire da fôrma e deixe esfriar completamente (de preferência, sobre uma grade) antes de colocar a cobertura.

MONTAGEM

Coloque uma bola de sorvete em cima de cada cupcake e distribua marshmallows em volta.

rendimento: 12 cupcakes

FOFINHOS

MIÇANGAS COLORIDAS

Um mimo para crianças de todas as idades.
Eles podem substituir os docinhos tradicionais numa festa de aniversário
e serem feitos com qualquer sabor de massa.

MASSA DE BAUNILHA COM GEMA

(ver receita na p. 64, na hora de assar,
use 24 forminhas para minicupcakes
de papel e asse por cerca de 10 minutos)

GLACÊ REAL

(ver receita na p. 41 ou, se preferir,
comprar pronto)

Além dos ingredientes, você irá **PRECISAR** de:

• forminhas para minicupcakes de papel brancas
  próprias para ir ao forno;
• miçangas comestíveis coloridas.

MONTAGEM

Espalhe uma pequena porção de glacê real no
topo de cada minicupcake e cubra com miçangas.

rendimento: 24 minicupcakes

CENOURA COM CHOCOLATE

Esta combinação clássica é ideal para as crianças.
A massa de cenoura deixa o cupcake mais saudável e, ainda assim,
superatrativo para os pequenos por causa da cobertura de chocolate.

MASSA DE CENOURA

2 cenouras grandes

2/3 de xícara de óleo de milho

2 ovos

raspas de casca de 1/2 laranja-pera

1 1/3 de xícara de açúcar refinado

3/4 de xícara de açúcar mascavo

1/2 xícara de leite morno

2 1/2 xícaras de farinha de trigo peneirada

1 colher (sopa) de fermento em pó

1 pitada de sal

MERENGUE ITALIANO

(ver receita na p. 44)

Além dos ingredientes, você irá **PRECISAR** de:

- forminhas de papel marrons próprias para
  ir ao forno;
- saco de confeitar descartável sem bico;
- chocolate ao leite temperado (ver receita
  na p. 34, usar 200 g);
- apliques de açúcar em formato de borboleta
  e abelha.

MASSA DE CENOURA

Descasque a cenoura e corte em cubos
pequenos. Bata no liquidificador com o óleo,
os ovos, as raspas de casca de laranja e o açúcar.

Quando formar um creme homogêneo,
junte o leite morno e bata mais um pouco.
Despeje a mistura numa tigela grande,
junte a farinha de trigo, o fermento e o sal
e misture vigorosamente com uma colher,
até que a massa fique homogênea.
Distribua as forminhas de papel na fôrma de
cupcakes e preencha com a massa apenas até
3/4 da capacidade. Asse em forno médio (180°C)
preaquecido por cerca de 15 minutos ou
até que a massa esteja cozida e levemente
dourada. Retire da fôrma e deixe esfriar
completamente (de preferência, sobre uma
grade) antes de colocar a cobertura.

MONTAGEM

Coloque o merengue num saco de confeitar,
ou use uma colher, e faça a cobertura em formato
de caracol sobre cada cupcake, começando na
borda e depois subindo até formar um bico.
Coloque o chocolate temperado numa tigela funda.
Com cuidado e agilidade, vire o cupcake
no chocolate para formar uma casquinha.
Desvire rapidamente e apoie o bolinho
numa superfície.
Coloque os apliques de borboleta e abelha
e deixe o chocolate secar em temperatura
ambiente (não superior a 22°C).

rendimento: 18 cupcakes

JOANINHA

Este é para quem é apaixonado
por joaninha. Então, prepare a
cesta e a toalha que este cupcake
é perfeito para um piquenique a
qualquer dia e hora.
A massa pode ser de vários
sabores, escolha a que você
mais gosta.

MASSA DE BANANA CARAMELADA
(ver receita na p. 44)

GANACHE FINA
(ver receita na p. 39)

Além dos ingredientes,
você irá **PRECISAR** de:
• forminhas de papel vermelhas
próprias para ir ao forno;
• aplique de açúcar em
formato de joaninha.

MONTAGEM
Coloque a ganache numa tigela funda
e vire os cupcakes nela para formar
uma cobertura homogênea.
Com a ganache ainda mole, aplique
as joaninhas e deixe endurecer
em temperatura ambiente.

rendimento: 12 cupcakes

PICOLÉ DE CHOCOLATE

Uma pequena e mimosa versão de um cupcake clássico com uma
massa bem rica e cobertura de chocolate (não tem erro).
Finalize com apliques variados (eu sugiro picolé e casquinha).
Dê seu toque!

POUND CAKE

(ver receita na p. 58)

GANACHE FIRME

3 1/3 de xícara de chocolate
meio amargo em pedaços
1/3 de xícara de creme de leite
em temperatura ambiente
sem o soro (de lata ou caixinha)

Além dos ingredientes, você irá **PRECISAR** de:

• forminhas para minicupcakes de papel
estampadas próprias para ir ao forno;
• saco de confeitar descartável sem bico;
• apliques de açúcar em formato de casquinha
e picolé (ou outro tema de sua escolha).

GANACHE FIRME

Enquanto o cupcake esfria, prepare
a cobertura. Derreta o chocolate em banho-
maria ou no micro-ondas. Misture o creme de
leite aos poucos, mexendo bem.
Coloque a ganache num saco de confeitar
e refrigere por pelo menos 20 minutos
ou até firmar um pouco.

MONTAGEM

Com um saco de confeitar, ou uma colher,
cubra os minicupcakes com a ganache
formando um caracol, começando na borda
e depois subindo até formar um bico.
Decore cada um deles com um aplique
de sorvete ou picolé.

rendimento: 24 minicupcakes

CORAÇÕES A MIL

Este é para as menininhas. Faça vários e cubra a
mesa com balas e confeitos cor-de-rosa, pink e vermelhos.
Chame todas as amigas!

**MASSA COM GOTAS DE
CHOCOLATE**
(ver receita na p. 70)
GANACHE FINA
(ver receita na p. 39)

Além dos ingredientes, você irá **PRECISAR** de:
• forminhas para minicupcakes de papel
estampadas próprias para ir ao forno;
• confeito de coração industrializado.

MONTAGEM
Coloque a ganache numa tigela funda e vire os
minicupcakes nela para formar uma cobertura homogênea.
Com a ganache ainda mole, polvilhe os confeitos de coração.
Deixe endurecer em temperatura ambiente.

rendimento: 24 minicupcakes

MEL DE ABELHA

Uma massinha supersaborosa de mel, uma cobertura cremosa e uma abelhinha decorando.
As crianças amam e, assim, se afastam um pouco do chocolate.
Se quiser, faça a massa sem as especiarias.

MASSA DE MEL COM ESPECIARIAS

(ver receita na p. 41)

CREME DE MANTEIGA COM CLARA E CANELA

2 xícaras de açúcar

1 xícara de água

3 claras

250 g de manteiga sem sal gelada
em cubos médios

1/2 colher (chá) de canela em pó

Além dos ingredientes, você irá PRECISAR de:
* forminhas de papel pretas próprias para
  ir ao forno;
* 2 sacos de confeitar descartáveis sem bico;
* corante alimentar em gel nas cores amarelo
  e preto;
* aplique de açúcar em formato de abelha.

CREME DE MANTEIGA COM CLARA E CANELA

Quando os bolinhos estiverem frios,
prepare a cobertura.

Faça o creme de manteiga conforme
receita da p. 49. Na hora de fazer o merengue
italiano, use as quantidades de açúcar, água e
clara indicadas nesta página e não use a fava
de baunilha. Quando o merengue estiver frio,
junte aos poucos a manteiga gelada e bata
em velocidade alta até o creme encorpar.
Junte a canela no final do preparo.

MONTAGEM

Separe uma pequena quantidade do creme
de manteiga e tinja com o corante preto.
Adicione o corante amarelo ao restante da
cobertura. Coloque o creme de manteiga
amarelo num saco de confeitar, ou use uma
colher, e faça uma cobertura em formato de
caracol sobre cada cupcake, começando
na borda e depois subindo até formar um bico.
Coloque a cobertura preta em outro saco de
confeitar e faça pequenos pontos, simulando
o caminho da abelha. Finalize com um
aplique de abelha.

rendimento: 10 cupcakes

CHOCO. LATE

DOSE DUPLA

Este é para os chocólatras assumidos.

Massa de cacau e cobertura de ganache com 70% de cacau. Precisa mais?

MASSA DE CACAU

(ver receita na p. 74)

GANACHE FIRME COM RUM

ganache firme (ver receita na p. 86)

2 colheres (sopa) de rum branco

Além dos ingredientes, você irá PRECISAR de:

- forminhas de papel pretas ou marrons próprias para ir ao forno;
- pasta americana (ver receita na p. 39 ou, se preferir, comprar pronta);
- corante alimentar em gel nas cores laranja e vermelho;
- rolo para abrir massa;
- cortador em forma de coração;
- saco de confeitar descartável sem bico;
- cestinhas de plástico coloridas.

GANACHE FIRME COM RUM

Enquanto o cupcake esfria, prepare a cobertura. Faça como na receita de ganache firme, mas use chocolate amargo com 70% de cacau e acrescente o rum no final.

MONTAGEM

Divida a pasta americana em 2 partes e tinja uma de laranja e outra de vermelho. Abra a pasta com um rolo e corte 12 corações. Para que estejam secos na hora de montar, é necessário cortá-los com pelo menos 24 horas de antecedência. Seque em local livre de umidade.

Com um saco de confeitar, ou uma colher, cubra os cupcakes com a ganache formando um caracol, começando na borda e depois subindo até formar um bico. Finalize espetando um coração em cada cupcake. Arrume dentro das cestinhas ou, se quiser dar de presente ou usar como lembrancinha, coloque em sacolinhas de plástico.

rendimento: 12 cupcakes

BRIGADEIRO

Para este cupcake, combinei uma massa leve de chocolate, sem farinha e
com um pouco de coco, para suavizar a farta cobertura de brigadeiro.
Para os amantes do doce, a combinação é perfeita.

MASSA DE CHOCOLATE SEM FARINHA

- 1/3 de xícara + **1** colher (sopa) de açúcar
- **50** g de manteiga sem sal em
  temperatura ambiente
- **1/2** xícara de chocolate em pó
- **6** ovos
- **1 1/4** de xícara de coco seco ralado
- **1** colher (sopa) de fermento em pó

BRIGADEIRO

- **1** lata de leite condensado
- **2** colheres (sopa) de chocolate em pó
- **1** colher (sopa) de manteiga sem sal

Além dos ingredientes, você irá **PRECISAR** de:
- forminhas de papel marrons próprias para
  ir ao forno;
- saco de confeitar descartável sem bico;
- chocolate granulado.

MASSA DE CHOCOLATE SEM FARINHA

Bata todos os ingredientes no liquidificador
até obter uma textura bem homogênea.

Distribua as forminhas de papel na fôrma de
cupcakes e preencha com a massa apenas até
3/4 da capacidade. Asse em forno médio (180°C)
preaquecido por cerca de 15 minutos ou até
que a massa esteja cozida e levemente dourada.
Retire da fôrma e deixe esfriar completamente
(de preferência, sobre uma grade) antes de
colocar a cobertura.

BRIGADEIRO

Enquanto o cupcake esfria, prepare a cobertura.
Numa panela, coloque todos os ingredientes
e cozinhe mexendo até desgrudar do fundo
ou atingir 105°C.

MONTAGEM

Coloque o brigadeiro no saco de confeitar,
ou use uma colher, e cubra os cupcakes formando
um caracol, começando na borda e depois subindo
até formar um bico. Polvilhe com chocolate
granulado, formando um círculo, logo acima
da borda da forminha de papel.

rendimento: 8 cupcakes

94

TIRAMISÙ

A combinação dos ingredientes lembra essa tradicional e deliciosa
sobremesa italiana. Leve, mas de sabor intenso, combina
com dias mais frios e um vinho de sobremesa.

MASSA DE CHOCOLATE COM CAFÉ

- **200** g de manteiga sem sal em
  temperatura ambiente
- **1 1/4** de xícara de açúcar
- **3** ovos
- **1** colher (chá) de café instantâneo
- **1 1/4** de xícara de chocolate em pó peneirado
- **1 1/2** xícara de farinha de trigo peneirada
- **1** xícara de leite
- **1** colher (sopa) de fermento em pó
- **1** pitada de sal

CREME DE CHOCOLATE BRANCO

- **225** g de chocolate branco em pedaços
- **200** g de cream cheese
- **4** colheres (sopa) de licor de cacau

Além dos ingredientes, você irá **PRECISAR** de:

- forminhas de papel marrons e brancas
  próprias para ir ao forno;
- raspas de chocolate meio amargo;
- moedas de chocolate industrializadas.

MASSA DE CHOCOLATE COM CAFÉ

Na tigela da batedeira, bata a manteiga
e o açúcar até obter uma mistura cremosa.
Junte os ovos um a um e bata até misturar.
Adicione o café instantâneo e bata mais
um pouco. Alterne os ingredientes secos
(menos o fermento) e o leite e bata em
velocidade baixa. Acrescente o fermento
apenas no final e bata até misturar.
Distribua as forminhas de papel na fôrma
de cupcakes e preencha com a massa
apenas até 3/4 da capacidade. Asse em forno
médio (180°C) preaquecido por cerca de
15 minutos ou até que a massa esteja cozida
e levemente dourada. Retire da fôrma e deixe
esfriar completamente (de preferência,
sobre uma grade) antes de colocar a cobertura.

CREME DE CHOCOLATE BRANCO

Enquanto o cupcake esfria, prepare a
cobertura. Derreta o chocolate branco em
banho-maria ou no micro-ondas e reserve.
Na tigela da batedeira, bata o cream cheese
até ficar fofo e levemente aerado.
Adicione o chocolate branco e o licor de
cacau e bata por mais alguns minutos.

MONTAGEM

Disponha 1 colher de sopa farta de creme de
chocolate branco sobre cada cupcake e espalhe
com uma colher. Coloque as raspas de chocolate
num prato fundo e vire o cupcake sobre elas.
Enfeite com moedas de chocolate.

rendimento: 16 cupcakes

MOCHA

Uma combinação consagrada, é sucesso garantido sempre.
Este cupcake junta a massa leve de café com cobertura cremosa de chocolate.
Também fica especial em versão mini.

MASSA MOCHA

- 80 g de manteiga sem sal em temperatura ambiente
- 3/4 de xícara de açúcar
- 3 ovos
- 2/3 de xícara de farinha de trigo peneirada
- 1/2 xícara de chocolate em pó peneirado
- 1 colher (sopa) de café instantâneo
- 1/2 xícara de leite
- 1 colher (sopa) de fermento em pó

CREME DE MANTEIGA COM CHOCOLATE

- 1/4 de xícara de chocolate meio amargo em pedaços
- 90 g de manteiga sem sal em temperatura ambiente
- 1 1/2 xícara de açúcar de confeiteiro

Além dos ingredientes, você irá PRECISAR de:

- forminhas de papel amarelas próprias para ir ao forno;
- saco de confeitar com bico pitanga;
- pasta americana (ver receita na p. 39 ou, se preferir, comprar pronta);
- pó perolado comestível.

MASSA MOCHA

Na tigela da batedeira, bata a manteiga e o açúcar até formar um creme claro e aerado. Adicione os ovos um a um, batendo sempre.

Reduza a velocidade e, aos poucos, junte a farinha de trigo, intercalando com o chocolate em pó, o café e o leite. Adicione o fermento e bata mais um pouco. Distribua as forminhas de papel na fôrma de cupcakes e preencha com a massa apenas até 3/4 da capacidade. Asse em forno médio (180°C) preaquecido por cerca de 15 minutos ou até que a massa esteja cozida e levemente dourada. Retire da fôrma e deixe esfriar completamente (de preferência, sobre uma grade) antes de colocar a cobertura.

CREME DE MANTEIGA COM CHOCOLATE

Enquanto o cupcake esfria, prepare a cobertura. Derreta o chocolate em banho-maria ou no micro-ondas e reserve. Na tigela da batedeira, bata a manteiga até ficar fofa e levemente aerada. Junte o açúcar e bata por mais alguns minutos. Adicione o chocolate e bata até obter uma mistura homogênea.

MONTAGEM

Coloque o creme de manteiga com chocolate no saco de confeitar com o bico pitanga e cubra os cupcakes formando um caracol, começando na borda e depois subindo até formar um bico. Faça 72 bolinhas (pérolas) de pasta americana branca e passe no pó perolado. Distribua 6 pérolas em cada cupcake.

rendimento: 12 cupcakes

PRALINÉ

O campeão de vendas na La Vie en Douce.
Massa de cacau, brigadeiro, casquinha de chocolate ao leite belga e cobertura crocante.
Sirva como sobremesa ou guarde para aqueles momentos de "indulgência" e se entregue!

MASSA DE CACAU
(ver receita na p. 74)

BRIGADEIRO
(ver receita na p. 94)

CHOCOLATE AO LEITE BELGA TEMPERADO
(ver receita na p. 34, usar 250 g)

Além dos ingredientes, você irá **PRECISAR** de:
- forminhas de papel pretas próprias para ir ao forno;
- saco de confeitar descartável sem bico;
- crocante industrializado ou pé de moleque triturado.

MONTAGEM

Coloque o brigadeiro num saco de confeitar, ou use uma colher, e decore os cupcakes formando um caracol, começando na borda e depois subindo até formar um bico.

Coloque o chocolate temperado numa tigela funda e, com cuidado e agilidade, vire o cupcake coberto com brigadeiro no chocolate para formar uma casquinha. Desvire rapidamente e apoie o bolinho numa superfície.

Enquanto o chocolate ainda está mole, salpique com o crocante e leve os bolinhos à geladeira por cerca de 10 minutos ou até que a casquinha endureça. Depois mantenha em temperatura ambiente.

rendimento: 12 cupcakes

PSICODÉLICO

Simples e com uma decoração importante, este cupcake combina massa de cenoura e cobertura de chocolate. Perfeito para levar na lancheira ou para um piquenique.

MASSA DE CENOURA
(ver receita na p. 82)

GANACHE FINA
(ver receita na p. 39)

Além dos ingredientes, você irá **PRECISAR** de:
• forminhas de papel vermelhas próprias
  para ir ao forno;
• 50 g de chocolate branco;
• saquinhos plásticos pequenos;
• palito de dente.

MONTAGEM
Coloque a ganache numa tigela
funda e reserve.
Derreta o chocolate branco em banho-
maria ou no micro-ondas e coloque
num saquinho plástico. Faça um
pequeno furo numa das pontas e reserve.
Vire os cupcakes na ganache para
formar uma cobertura homogênea.
Com a ganache ainda mole, coloque
um pouco de chocolate branco no meio
do cupcake e faça desenhos com
o palito de dente.

rendimento: 18 cupcakes

CHIQUES

MINISSUSPIROS

Este cupcake é simples e delicado, por isso é chique. Massa leve de café com nozes e minissuspiros brûlés. Arremate com um chocolate quente amargo e sinta-se reconfortado.

MASSA DE CAFÉ COM NOZES

- 80 g de manteiga sem sal em temperatura ambiente
- 3/4 de xícara de açúcar
- 3 ovos
- 2/3 de xícara de farinha de trigo peneirada
- 1/2 xícara de chocolate em pó peneirado
- 1 1/2 colher (sopa) de café instantâneo
- 1 xícara de leite
- 1 colher (sopa) de fermento em pó
- 1/3 de xícara de nozes

MERENGUE SUÍÇO

(ver receita na p. 47)

Além dos ingredientes, você irá PRECISAR de:
- forminhas de papel pretas próprias para ir ao forno;
- saco de confeitar com bico pitanga;
- maçarico de cozinha.

MASSA DE CAFÉ COM NOZES

Na tigela da batedeira, bata a manteiga e o açúcar até formar um creme claro e aerado.

Adicione os ovos um a um, batendo sempre. Reduza a velocidade e junte aos poucos a farinha de trigo, intercalando com o chocolate em pó, o café e o leite. Acrescente o fermento e as nozes e bata um pouco mais. Distribua as forminhas de papel na fôrma de cupcakes e preencha com a massa apenas até 3/4 da capacidade. Asse em forno médio (180°C) preaquecido por cerca de 15 minutos ou até que a massa esteja cozida e levemente dourada. Retire da fôrma e deixe esfriar completamente (de preferência, sobre uma grade) antes de colocar a cobertura.

MONTAGEM

Coloque o merengue num saco de confeitar com o bico pitanga. Faça pequenos suspiros, bem próximos uns dos outros, no topo de cada cupcake e finalize queimando apenas as pontinhas com o maçarico.

Obs.: caso você não tenha um maçarico, coloque os cupcakes no forno bem alto para "dourar" e obter o mesmo efeito.

rendimento: 11 cupcakes

DOURADO

Nobre e de finalização chique, este cupcake tende a impressionar.
Sirva numa recepção noturna, com espumante e muito glamour.

MASSA DE FRUTAS SECAS

4 ovos em temperatura ambiente

1/2 xícara de açúcar

1 colher (chá) de raspas de casca
de limão-siciliano

1/2 xícara de amêndoa moída

1/2 xícara de castanha-do-pará moída

1/4 de xícara de nozes moídas

1/2 xícara de uva-passa preta
em pedacinhos

1/4 de xícara de ameixa preta
sem caroço em pedacinhos

1/4 de xícara de damasco
turco doce em pedacinhos

1 pitada de sal

GELEIA DE AMEIXA COM COCO

1 xícara de ameixa preta sem caroço

2/3 de xícara de coco fresco ralado

1 xícara de água

1/2 xícara de açúcar

MERENGUE ITALIANO

(ver receita na p. 44)

CHOCOLATE BRANCO TEMPERADO

(ver receita na p. 34, usar 200 g)

Além dos ingredientes, você irá **PRECISAR** de:

- forminhas de papel douradas próprias para
  ir ao forno;
- saco de confeitar descartável sem bico;
- pó dourado comestível;
- pincel.

MASSA DE FRUTAS SECAS

Na tigela da batedeira, bata em velocidade
máxima os ovos e o açúcar até triplicar de volume.
Junte, um a um, os demais ingredientes,
misturando delicadamente para não perder
a "espuma". Distribua as forminhas de papel
na fôrma de cupcakes e preencha com a massa
apenas até 3/4 da capacidade. Asse em forno
médio (180°C) preaquecido por cerca de
15 minutos ou até que a massa esteja cozida
e levemente dourada. Retire da fôrma e deixe
esfriar completamente (de preferência, sobre
uma grade) antes de colocar a cobertura.

GELEIA DE AMEIXA COM COCO

Numa panela pequena, junte todos os ingredientes
e cozinhe em fogo baixo por cerca de 1 hora
ou até que as ameixas estejam bem macias.
Desligue o fogo e amasse bem com um garfo.
Reserve na geladeira.

MONTAGEM

Coloque 1 colher de chá da geleia de ameixa
com coco no centro de cada bolinho. Cubra com
o merengue italiano utilizando o saco de confeitar
ou uma colher. Coloque o chocolate branco
temperado numa tigela funda e, com cuidado,
vire o cupcake coberto com merengue no
chocolate para formar uma casquinha.
Desvire rapidamente e apoie o bolinho numa
superfície. Deixe o chocolate secar em temperatura ambiente (não superior a 22°C). Quando a
cobertura de chocolate branco estiver bem seca,
pincele com pó dourado para finalizar.

rendimento: 12 cupcakes

PÉROLA NEGRA

Este cupcake é puro glamour. Invista nos detalhes,
como o laço de fita e uma louça incrível.
Sirva para os amigos mais queridos, numa ocasião especial.

MASSA DE BLUEBERRY

(ver receita na p. 52)

MERENGUE ITALIANO

(ver receita na p. 44)

Além dos ingredientes, você irá PRECISAR de:

- forminhas de papel pretas próprias
  para ir ao forno;
- fita de cetim rosa-claro;
- corante em pó na cor preto;
- saco de confeitar descartável sem bico;
- pasta americana (ver receita na p. 39
  ou, se preferir, comprar pronta);
- pó perolado comestível.

MONTAGEM

Antes de decorar os cupcakes, amarre uma fita de cetim em volta das forminhas de papel e dê um laço. Ao terminar de preparar o merengue, adicione o corante preto e bata até atingir uma coloração bem intensa (não se assuste, pode ser necessário muito corante). Coloque o merengue no saco de confeitar, ou use uma colher, e molde um caracol sobre cada cupcake, começando na borda e depois subindo até formar um bico. Faça pequenas bolinhas (pérolas) de pasta americana e passe no pó perolado. Arrume cerca de 10 pérolas em cada cupcake.

rendimento: 12 cupcakes

TIFFANY

A combinação de cores e sabor destes cupcakes é perfeita. Um leve toque de avelã na massa de cacau o deixa ainda mais especial. Pode substituir o bolo numa festa de debutante.

MASSA DE AVELÃ

2 xícaras de chocolate amargo com
70% de cacau em pedaços
100 g de manteiga sem sal
5 ovos
1/2 xícara de açúcar
1/4 de xícara de farinha de trigo peneirada
1/3 de xícara de chocolate em pó peneirado
1/2 xícara de avelã triturada
1 pitada de sal

GANACHE FIRME

(ver receita na p. 86)

110

MERENGUE SUÍÇO

(ver receita na p. 47)

Além dos ingredientes, você irá **PRECISAR** de:
- forminhas de papel pretas próprias para ir ao forno;
- corante alimentar em gel nas cores rosa, azul-turquesa e marrom;
- 3 sacos de confeitar descartáveis sem bico;
- pasta americana (ver receita na p. 39 ou, se preferir, comprar pronta);
- rolo para abrir massa;
- cortador redondo com 2 cm de diâmetro.

MASSA DE AVELÃ

Derreta o chocolate com a manteiga em banho-maria ou no micro-ondas e reserve.

Na tigela da batedeira, bata as claras em neve com o sal. Quando estiverem bem fofas, adicione o açúcar e bata mais um pouco. Junte as gemas uma a uma, batendo sempre. Acrescente o chocolate derretido com a manteiga e misture delicadamente. Adicione a farinha, o chocolate em pó e a avelã e misture. Distribua as forminhas de papel na fôrma de cupcakes e preencha com a massa apenas até 3/4 da capacidade. Asse em forno médio (180°C) preaquecido por cerca de 15 minutos ou até que a massa esteja cozida e levemente dourada. Retire da fôrma e deixe esfriar completamente (de preferência, sobre uma grade) antes de colocar a cobertura.

MONTAGEM

Quando o merengue estiver pronto, divida em dois potinhos. Tinja uma parte de cor-de-rosa e a outra de azul-turquesa. Decore 4 cupcakes com merengue rosa, 4 com merengue azul e o restante com a ganache firme. Coloque as 3 coberturas em sacos de confeitar separados, ou use uma colher, e forme um caracol sobre cada cupcake, começando na borda e depois subindo até formar um bico. Divida em 3 pedaços a pasta americana e tinja nas cores rosa, azul-turquesa e marrom. Abra a pasta com um rolo e corte 4 discos rosa, 4 azuis e 3 marrons. Finalize distribuindo os discos em cima dos cupcakes alternando as cores.

rendimento: 11 cupcakes

PISTACHE E AMÊNDOA

A finalização com as frutas oleaginosas (pistache e amêndoa) deixa este cupcake com textura e sabor incríveis. A cobertura de creme de manteiga harmoniza perfeitamente com um chá mais "fechado", como o earl grey, por exemplo.

MASSA DE AMÊNDOA

- **1** xícara de açúcar refinado
- **1** xícara de açúcar mascavo
- **3** ovos
- **50** g de manteiga sem sal em temperatura ambiente
- **1** xícara de leite
- **1/2** colher (chá) de essência de amêndoa
- **1** xícara de farinha de trigo peneirada
- **1** xícara de amêndoa triturada (ou farinha de amêndoa)
- **1** colher (sopa) de fermento em pó
- **1/3** de xícara de amêndoa em lâminas tostadas
- **1** pitada de sal

CREME DE MANTEIGA COM GEMA

(ver receita na p. 63)

Além dos ingredientes, você irá PRECISAR de:
- forminhas de papel brancas e pretas próprias para ir ao forno;
- saco de confeitar descartável sem bico;
- 1/2 xícara de amêndoa em lâminas tostadas;
- 1/2 xícara de pistache sem casca, levemente torrado e triturado.

MASSA DE AMÊNDOA

Na tigela da batedeira, bata o açúcar, os ovos e a manteiga até obter um creme aerado e claro. Adicione o leite e a essência de amêndoa e bata mais um pouco. Acrescente a farinha de trigo e a farinha de amêndoa e bata em velocidade baixa. Junte o fermento e o sal e bata até misturar. Coloque as lâminas de amêndoa e misture delicadamente.

Distribua as forminhas de papel na fôrma de cupcakes e preencha com a massa apenas até 3/4 da capacidade. Asse em forno médio (180°C) preaquecido por cerca de 15 minutos ou até que a massa esteja cozida e levemente dourada. Retire da fôrma e deixe esfriar completamente (de preferência, sobre uma grade) antes de colocar a cobertura.

MONTAGEM

Com uma colher ou saco de confeitar, cubra os cupcakes com uma farta camada de creme de manteiga com gema. Coloque numa assadeira e polvilhe metade deles com as lâminas de amêndoa e a outra metade com o pistache.

rendimento: 10 cupcakes

BRASI- LEIRI- NHOS

COCO QUEIMADO

Este bolinho é extremamente rico em umidade e sabor devido ao uso do leite de coco.
A cobertura de creme de chocolate branco, levemente ácida,
contrasta perfeitamente, dando um excelente acabamento ao cupcake.

MASSA DE COCO

(ver receita na p. 61)

CREME DE CHOCOLATE BRANCO

(ver receita na p. 97, mas não use o licor
de cacau)

Além dos ingredientes, você irá **PRECISAR** de:
- forminhas de papel brancas próprias para ir
  ao forno;
- 200 g de coco ralado queimado industrializado
  ou, se preferir, coloque o coco ralado branco na
  assadeira e leve ao forno para tostar.

MONTAGEM

Coloque 1/2 colher de sopa de
creme de chocolate branco sobre
cada cupcake e espalhe ligeiramente.
Num prato fundo, coloque o coco
queimado e vire os cupcakes sobre
ele para formar uma cobertura homogênea.

rendimento: 12 cupcakes

MILHO VERDE

Este cupcake é ideal para as festas juninas ou mesmo para um piquenique ou lanchinho rápido. Sua massa é bem úmida e saborosa e por isso pode ser finalizado apenas com pasta americana. Também fica uma delícia para comer puro, assado numa fôrma de furo no meio.

MASSA DE MILHO VERDE

2 latas de milho verde em conserva (se preferir, use **2** xícaras de milho verde fresco cozido)

6 ovos

2 latas de leite condensado

1/2 xícara de farinha de trigo peneirada

2 colheres (sopa) de fermento em pó

PASTA AMERICANA

(ver receita na p. 39 ou, se preferir, comprar pronta)

MERENGUE SUÍÇO

(ver receita na p. 47)

Além dos ingredientes, você irá **PRECISAR** de:

- forminhas de papel azuis e verdes próprias para ir ao forno;
- corante alimentar em gel nas cores amarelo, marrom, vermelho, azul e laranja;
- rolo para abrir massa;
- cortadores em forma de bandeirinha e círculo de 6,5 cm de diâmetro;
- palitos de dente;
- linha de costura.

MASSA DE MILHO VERDE

Coloque todos os ingredientes no liquidificador e bata até obter uma mistura bem homogênea. Distribua as forminhas de papel na fôrma de cupcakes e preencha com a massa apenas até 3/4 da capacidade.

Asse em forno médio (180°C) preaquecido por cerca de 20 minutos ou até que a massa esteja cozida e levemente dourada. Retire da fôrma e deixe esfriar completamente (de preferência, sobre uma grade) antes de colocar a cobertura.

MONTAGEM

Divida a pasta americana em 5 partes e tinja de amarelo, marrom, vermelho, azul e laranja (a parte amarela deverá ser maior que as outras porque será a mais utilizada).

Abra com um rolo a pasta amarela e corte 12 discos de 6,5 cm para cobrir os cupcakes. Utilize um pouco de água para colar os discos. A ideia é fazer 10 cupcakes com bandeirinha e 2 com fogueira de São João.

Corte 30 bandeirinhas (10 azuis, 10 vermelhas e 10 amarelas) e prenda, em grupo de três com um pedaço de linha de costura, dobrando a borda da bandeirinha sobre a linha e pincelando com um pouco de água para prender.

Espete 2 palitos na borda de cada cupcake de modo a formar um suporte para as bandeirinhas e depois amarre a linha com as bandeirinhas na ponta dos palitos.

Nos cupcakes restantes, modele manualmente uma fogueira com pasta americana laranja e marrom. Faça as toras de madeira e cole uma a uma no topo do cupcake utilizando um pouco de água. Para finalizar, modele a chama da fogueira e arrume em cima.

rendimento: 12 cupcakes

GOIABADA COM CANELA

Esqueça o batido romeu e julieta e combine a goiabada com canela em pó e lascas de castanha-do-pará. O resultado será um cupcake de sabor inusitado e textura incrível. Para servir a qualquer hora.

MASSA DE GOIABADA COM CANELA

2 ovos

3/4 de xícara de açúcar

1/2 xícara de óleo de milho

1/2 xícara de leite

1 2/3 de xícara de farinha de trigo peneirada

1/2 colher (chá) de canela em pó

1 colher (sopa) de fermento em pó

2/3 de xícara de castanha-do-pará
grosseiramente picada

200 g de goiabada cascão em cubos
açúcar e canela em pó para polvilhar

MERENGUE ITALIANO

(ver receita na p. 44)

CALDA DE GOIABADA

100 g de goiabada em pedaços

1/3 de xícara de água

Além dos ingredientes, você irá **PRECISAR** de:
- forminhas de papel pretas próprias para ir ao forno;
- saco de confeitar descartável sem bico.

MASSA DE GOIABADA COM CANELA

Numa tigela, bata com a batedeira os ovos e o açúcar até obter uma mistura clara e aerada. Numa tigela, misture o óleo e o leite. Em outra tigela, misture a farinha, a canela e o fermento.

Aos poucos, vá adicionando alternadamente as misturas de líquidos e de secos à massa de ovos, batendo em velocidade baixa. No final, adicione a castanha picada e misture bem. Distribua as forminhas de papel na fôrma de cupcakes. Coloque em cada forminha um cubo de goiabada de aproximadamente 3 cm de lado e preencha com a massa apenas até 3/4 da capacidade. Polvilhe com uma mistura de açúcar e canela. Asse em forno médio (180°C) preaquecido por cerca de 15 minutos ou até que a massa esteja cozida e levemente dourada. Retire da fôrma e deixe esfriar completamente (de preferência, sobre uma grade) antes de colocar a cobertura.

119

CALDA DE GOIABADA

Numa tigela, em banho-maria (ou, se preferir, no micro-ondas), leve a goiabada e a água ao fogo até derreter e formar uma calda espessa.

MONTAGEM

Com uma faca sem ponta, ou uma colher comprida, suje o saco de confeitar com a goiabada amolecida e depois coloque o merengue. Cubra os cupcakes com esse merengue marmorizado, formando um caracol, começando na borda e depois subindo até formar um bico.

rendimento: 15 cupcakes

PAÇOCA

Sugiro que este cupcake seja feito em versão mini, pois ele tem sabor intenso,
além de ficar mais bonitinho em tamanho menor.
Ideal para festas juninas e amantes de amendoim (como eu!).

MASSA DE PAÇOCA

80 g de manteiga sem sal em
temperatura ambiente

2 ovos

1 gema

1 1/2 xícara de paçoca

3/4 de xícara de farinha
de trigo peneirada

1/2 xícara de açúcar

1 colher (chá) de fermento em pó

1/2 colher (chá) de sal

GANACHE FINA

(ver receita na p. 39)

Além dos ingredientes, você irá PRECISAR de:
- forminhas para minicupcakes de papel
estampadas próprias para ir ao forno;
- 6 unidades de paçoca para finalizar.

MASSA DE PAÇOCA

Numa tigela, misture a manteiga, os ovos
e a gema com um batedor de arame.
Junte os demais ingredientes, mexendo
bem, até a mistura ficar homogênea.
Distribua as forminhas de papel na
fôrma de minicupcakes e preencha com
a massa apenas até 3/4 da capacidade.
Asse em forno médio (180°C) preaquecido
por cerca de 10 minutos ou até que a massa
esteja cozida e levemente dourada.
Retire da fôrma e deixe esfriar
completamente (de preferência, sobre
uma grade) antes de colocar a cobertura.

MONTAGEM

Coloque a ganache numa tigela funda e
vire os minicupcakes sobre ela para
formar uma cobertura homogênea.
Se preferir, coloque uma colherada de
ganache ainda mole sobre cada minicupcake.
Espere alguns minutos e polvilhe um
pouco de paçoca esfarelada por cima.

rendimento: 24 minicupcakes

MARACUJÁ

Este cupcake é bem "fresco", o sabor ácido e adocicado do maracujá o
torna leve e indicado para os dias mais quentes. A cobertura de merengue também
é leve e resistente ao calor, além de ser linda, claro!

MASSA DE MARACUJÁ

100 g de manteiga sem sal em
    temperatura ambiente
2 xícaras de açúcar
5 ovos
2 xícaras de farinha de trigo peneirada
polpa de **3** maracujás (levemente batida
    no liquidificador e coada)
1 colher (sopa) de fermento em pó

MERENGUE ITALIANO

(ver receita na p. 44)

CALDA DE MARACUJÁ

polpa de **1** maracujá
1 xícara de açúcar
suco de **1/2** limão Taiti

Além dos ingredientes, você irá PRECISAR de:
• forminhas de papel douradas próprias para
  ir ao forno;
• saco de confeitar descartável sem bico.

MASSA DE MARACUJÁ

Na tigela da batedeira, bata a manteiga e o
açúcar até obter uma mistura cremosa e aerada.

Junto as gomas e bata por mais alguns minutos
Acrescente a farinha de trigo e o suco de maracujá
e misture. Numa tigela, bata as claras em neve
macia e junte à massa. Adicione o fermento e
misture bem. Distribua as forminhas de papel
na fôrma de cupcakes e preencha com a massa
apenas até 3/4 da capacidade. Asse em forno
médio (180°C) preaquecido por cerca de
15 minutos ou até que a massa esteja cozida
e levemente dourada. Retire da fôrma e deixe
esfriar completamente (de preferência,
sobre uma grade) antes de colocar a cobertura.

CALDA DE MARACUJÁ

Coloque todos os ingredientes numa panela
pequena e cozinhe em fogo baixo até que a
mistura adquira uma consistência espessa,
quase de xarope. Deixe esfriar.

MONTAGEM

Com uma colher de sopa ou saco de confeitar,
forme um caracol de merengue em cada cupcake,
começando na borda e depois subindo até formar
um bico. Com outra colher, finalize com um pouco
da calda de maracujá.

rendimento: 15 cupcakes

DANCING DAYS

A "apoteose" do cupcake, fofinho, cheio de textura e brilho e,
ainda por cima, pink! Se eu precisasse definir o mais cupcake
dos cupcakes, eu com certeza escolheria este.

MASSA DE CHOCOLATE AMARGO

(ver receita na p. 39, na hora de assar, use
16 forminhas de papel)

MERENGUE ITALIANO

(ver receita na p. 44)

Além dos ingredientes, você irá PRECISAR de:
- forminhas de papel brancas e amarelas
  próprias para ir ao forno;
- corante alimentar em gel na cor pink;
- 3 sacos de confeitar descartáveis com bicos
  (estrela, perlê ou liso e pitanga);
- glitter comestível.

MONTAGEM

Depois que o merengue estiver pronto,
adicione o corante e bata com a batedeira
até atingir a tonalidade desejada.
Distribua o merengue nos 3 sacos de
confeitar, cada um com um bico diferente.
Cubra cada cupcake de uma maneira diversa
(formando um caracol com bico pitanga
e perlê ou vários minissuspiros lado
a lado com o bico pitanga, por exemplo).
Salpique o glitter para finalizar.

rendimento: 16 cupcakes

ERA UM BOLINHO DE BOLINHA...

Este cupcake é ideal para festas. A decoração supercolorida e vibrante pode fazer dele o centro da mesa de doces, substituindo eventualmente o bolo. Também é ótimo para ser colocado em caixas individuais com tampa de acetato e entregue aos convidados como lembrancinha.

MASSA DE MARACUJÁ

(ver receita na p. 123)

PASTA AMERICANA

(ver receita na p. 39 ou, se preferir, comprar pronta)

Além dos ingredientes, você irá **PRECISAR** de:
- forminhas de papel brancas próprias para ir ao forno;
- corante alimentar em gel de cores variadas (azul, rosa, vermelho, laranja, verde, marrom, amarelo, lilás);
- rolo para abrir massa;
- um cortador redondo de 6,5 cm e outro de 0,5 cm de diâmetro;
- geleia para "colar" a pasta americana (no sabor de sua preferência).

MONTAGEM

Divida a pasta americana em várias partes e tinja com os diferentes corantes. Abra com um rolo pedaços da pasta nas cores amarelo, marrom, vermelho, rosa (claro e mais escuro), lilás, azul (claro e mais escuro) e verde e corte 15 discos de 6,5 cm para cobrir os cupcakes. Passe um pouco de geleia em cada cupcake e cubra com os círculos de pasta. Corte, então, o restante da pasta em bolinhas pequenas nas cores verde, azul, laranja, rosa-claro e marrom e cole nos cupcakes com um pouquinho de água.

rendimento: 15 cupcakes

UM DIA DE VERÃO

Parece uma vasinho de flor, e seu sabor encanta.
Superlúdico, este cupcake agrada a crianças e adultos.
Sirva no final da tarde. Se puder ser num jardim, melhor!

MASSA DE LARANJA

- 1 laranja-pera
- 1 xícara de óleo de milho
- 3 ovos
- 2 xícaras de açúcar
- 2 xícaras de farinha de trigo peneirada
- 1 colher (sopa) de fermento em pó

CREME DE MANTEIGA
COM CLARA E LARANJA

- 1 1/3 de xícara de açúcar
- 1 xícara de água
- 3 claras
- 250 g de manteiga sem sal gelada em pedaços
- 1 colher (chá) de raspas de casca de laranja
- 1 colher (sopa) de licor de laranja (opcional)

Além dos ingredientes, você irá **PRECISAR** de:

- forminhas de papel brancas próprias para
  ir ao forno;
- pasta americana (ver receita na p. 39 ou,
  se preferir, comprar pronta).
- corante alimentar em gel na cor verde;
- cortador em formato de folha;
- granulado amarelo;
- 10 pirulitos amarelos (ou similares).

MASSA DE LARANJA

Retire a casca e toda a pele branca que envolve
a laranja. Corte em 4 pedaços e bata no liquidificador com o óleo e os ovos. Adicione o açúcar, a
farinha e o fermento e bata até obter uma massa
homogênea. Distribua as forminhas de papel
na fôrma de cupcakes e preencha com a massa
apenas até 3/4 da capacidade. Asse em forno
médio (180°C) preaquecido por cerca de 15 minutos ou até que a massa esteja cozida e levemente
dourada. Retire da fôrma e deixe esfriar completamente (de preferência, sobre uma grade) antes
de colocar a cobertura.

CREME DE MANTEIGA
COM CLARA E LARANJA

Quando o cupcake estiver frio, prepare a cobertura. Faça o creme de manteiga conforme receita
da p. 49. Na hora de fazer o merengue italiano,
use as quantidades de açúcar, água e clara indicadas nesta página e não use a fava de baunilha.
Quando o merengue estiver frio, junte aos poucos
a manteiga gelada e bata em velocidade alta até
o creme encorpar. Junte as raspas de casca de
laranja e o licor no final do preparo.

MONTAGEM

Tinja a pasta americana de verde e corte 10 folhas
com um cortador. Coloque 1 colher de sopa de
creme de manteiga com laranja sobre cada
cupcake e espalhe ligeiramente. Numa tigela
grande (ou prato fundo), coloque o granulado e
deite o topo dos cupcakes nele, formando uma
cobertura farta. Espete um pirulito em cada
cupcake e finalize com a folha.

rendimento: 10 cupcakes

DESPERTAR DA PRIMAVERA

Num lindo chá da tarde ao ar livre, eles decoram a mesa e ainda podem ser levados para casa pelos convidados. Também podem ser "falsos", servindo apenas como decoração, neste caso, coloque apenas pasta americana no vasinho e decore com as flores.

MASSA DE CHOCOLATE SEM FARINHA
(ver receita na p. 94)

Além dos ingredientes, você irá **PRECISAR** de:

- forminhas de papel brancas próprias para ir ao forno;
- 8 vasos de alumínio com 7 cm de diâmetro de cores variadas;
- pasta americana (ver receita na p. 39 ou, se preferir, comprar pronta);
- flores de biscuit e tecido de diversas cores;
- papel-alumínio.

MONTAGEM

Quando os cupcakes estiverem frios, distribua nos vasinhos. Caso seja necessário, coloque um pouco de papel-alumínio "embolado" no fundo do vasinho para fazer "subir" o cupcake (mas não deixe que ultrapasse a borda do vaso). Faça uma bola grande de pasta americana branca, suficiente para cobrir todo o topo, achate a parte de baixo e disponha por cima de cada cupcake. Decore o vasinho com as flores, espetando-as na pasta americana e formando desenhos.

rendimento: 8 cupcakes

SABOR DE FESTA

Uma montagem supercolorida e lúdica. Pode ser feito com qualquer sabor de bolinho e com as cores combinando com o tema da sua festa. É mais "performático" que prático, pois um acaba "sujando" o outro, mas vale a pena, porque fica liiiiindo.

MASSA DE BAUNILHA

2 ovos

3/4 de xícara de açúcar

1 1/2 xícara de farinha de trigo peneirada

1 colher (sopa) de fermento em pó

raspas de casca de **1/2** limão-siciliano

1/2 xícara de leite morno

1/2 xícara de óleo de milho

1/2 colher (sopa) de essência de baunilha

CREME DE MANTEIGA COM GEMA

(ver receita na p. 63)

Além dos ingredientes, você irá **PRECISAR** de:

- forminhas de papel amarelas próprias para ir ao forno;
- corante alimentar em gel nas cores verde, amarelo, azul e rosa;
- 4 sacos de confeitar descartáveis sem bico;
- confeitos variados (bala de goma, marshmallow, jujuba, granulado etc.);
- velas coloridas.

MASSA DE BAUNILHA

Numa tigela, bata com a batedeira os ovos e o açúcar até dobrar de volume. Em outra tigela, misture a farinha, o fermento e as raspas de casca de limão.

Em outra tigela, misture o leite, o óleo e a essência. Junte os ingredientes líquidos aos secos e, no final, incorpore a espuma de ovos e açúcar, mexendo delicadamente.

Distribua as forminhas de papel na fôrma de cupcakes e preencha com a massa apenas até 3/4 da capacidade. Asse em forno médio (180°C) preaquecido por cerca de 15 minutos ou até que a massa esteja cozida e levemente dourada.

Retire da fôrma e deixe esfriar completamente (de preferência, sobre uma grade) antes de colocar a cobertura.

MONTAGEM

Divida o creme de manteiga em 4 partes. Adicione gotas de corante alimentar em gel até obter tons pastel (verde, azul, amarelo e rosa). Coloque as coberturas em sacos de confeitar separados, ou use uma colher, e molde um caracol em cima de cada cupcake, começando na borda e depois subindo até formar um bico.

Decore cada cupcake com confeitos e balas. Se quiser, empilhe-os num prato para dar a "ideia" de um bolo de vários andares. Coloque velas se for para comemorar aniversário.

rendimento: 12 cupcakes

CORAÇÃO MULTICOLORIDO

Estes cupcakes podem ser feitos com qualquer massa e finalizados de maneira simples.
Ficam lindos se apresentados em grande quantidade e, de preferência, em muitas cores diferentes.
Experimente fazer dégradés de rosa, lilás ou azul.

MASSA DE CHOCOLATE
(ver receita na p. 79)

CREME DE MANTEIGA COM GEMA
(ver receita na p. 63)

Além dos ingredientes, você irá **PRECISAR** de:
- forminhas de papel pretas próprias para ir ao forno;
- corante alimentar em gel de cores variadas (verde, azul, vermelho, lilás, laranja e amarelo).

MONTAGEM
Divida o creme de manteiga em vários potes e tinja com as cores escolhidas. Coloque 1/2 colher de sopa de creme de manteiga colorido sobre cada cupcake, espalhando com as costas da colher, de forma rústica e simples. Depois, forme um coração multicolorido.

rendimento: 12 cupcakes

BOLINHO DE FUBÁ

Este bolinho tipicamente brasileiro é um sucesso na minha loja.
Faceiro e intrometido, ele entra de penetra no mundo dos
cupcakes como um bônus para todos os leitores.

MASSA DE FUBÁ

3 ovos

2 xícaras de açúcar

2 xícaras de farinha de trigo peneirada

3 xícaras de fubá peneirado

1 xícara de leite

1 1/3 de xícara de óleo de milho

1 colher (chá) de semente de erva-doce

1 colher (sopa) de fermento em pó

MONTAGEM

Bata todos os ingredientes no liquidificador, menos a erva doce. Coloque numa tigela e misture a erva-doce.

Distribua a mistura em fôrmas para minicupcakes untadas ou em fôrminhas com buraco no meio. Asse em forno médio (180°C) preaquecido por cerca de 20 minutos ou até que a massa esteja cozida e levemente dourada.

rendimento: 24 bolinhos

ONDE ENCONTRAR

Depois de ler este delicioso livro e admirar todas as fotos, você deve estar-se perguntando: "E agora, por onde começo?" Decidi, então, fazer uma lista dos lugares onde você pode encontrar todo o material necessário para reproduzir os cupcakes em casa ou no trabalho.

FÔRMAS, FORMINHAS, ASSADEIRAS E UTENSÍLIOS DE COZINHA

• **Barradoce** - www.barradoce.com.br
Tem venda on-line para todo o Brasil.

• **M. Dragonetti** - www.dragonetti.com.br
Tem tudo o que você pensar em utensílios de cozinha, também vende on-line.

• **Spicy** - www.spicy.com.br
Loja de artigos para cozinha em geral.

• **Suxxar** - www.suxxar.com.br
Loja de artigos para cozinha em geral.

FORMINHAS DE PAPEL FORNEÁVEIS

• **Barradoce** - www.barradoce.com.br
Lá você encontra vários tipos de forminhas, inclusive as importadas e de silicone, em vários modelos e estampas lindas.
Tem venda on-line para todo o Brasil.

• **Mago** - www.mago.com.br
Não vende para cliente de varejo, mas, dependendo da quantidade, vale a pena dar uma olhada.
Tem várias forminhas, sacos de confeitar e bicos, entre outros utensílios para confeitaria.
Vale visitar o site.

CORANTES, APLIQUES DE AÇÚCAR, ITENS PARA DECO-RAÇÃO, EMBALAGENS E SUPORTES E DIVERSOS

• **Barradoce** - www.barradoce.com.br
Além de fôrmas e forminhas, na Barradoce você encontrará todo o material necessário (e até alguns ingredientes como chocolate, pasta americana, frutas secas e oleaginosas e confeitos) para confecção e decoração dos cupcakes, incluindo suportes, embalagens e sempre alguma novidade.
A loja importa com exclusividade os produtos da marca Wilton, referência internacional em confeitaria artística. Tem venda on-line para todo o Brasil.

• **Palácio dos Enfeites** - www.palaciodosenfeites.com.br
Utilizamos em alguns cupcakes do livro flores de biscuit e de tecido que podem ser encontradas no Palácio dos Enfeites. Além disso, lá você encontra também embalagens e outros itens para a decoração de bolinhos.

• **Matsumoto** - www.lojasmatsumoto.com.br
Loja conhecida na região da rua 25 de Março (onde, aliás, procurando bem, você encontra de tudo), a Matsumoto tem um pouco de tudo. Corantes, pasta americana, muitas balas, jujubas e confeitos, além de apliques comestíveis e não comestíveis.
Vale a pena conhecer.

• **Central do Sabor** - www.centraldosabor.com.br
Loja muito conhecida na região da rua Paula Souza (um paraíso para amantes da cozinha e profissionais, pois é lá que se encontra tudo para equipar uma cozinha profissional), também tem tudo de que se precisa para confeitaria, incluindo alguns ingredientes selecionados, utensílios etc. Vale uma visita!

Vale lembrar que, se você tem viagem marcada para os Estados Unidos ou Inglaterra, aproveite para garimpar coisinhas legais, pois é de lá que vem tudo de mais novo e diferente.

ÍNDICE DE RECEITAS

Antes de qualquer coisa, dedico este livro às minhas melhores receitas, meus docinhos mais bem feitos e gostosos:

BEATRIZ e LULU

SERGIO
meu amor,
meu parceiro,
meu NORTE...
love u...

Marina
pastry-chef de verdade... valeu!

HELÔ E AS COISAS
Lindas La'DaVerdé

NEIDE,
minha flor,
29 mai,
todo meu
carinho!!

A Adriana,
Que bom que vc
acreditou e me
aguentou mary
thanks!!

Daisy e Ruth

minha
parceira de
tantos anos e
projetos

CAROL

Sveli,
tudo lindo!!

A MEUS PAIS e IRMÃOS
Que com apoio e
companheirismo
sempre me impulsio-
naram na realização
dos meus projetos!!

Alexandre Doria
e sua vuvuzela

a cereja do meu
cupcake é
pra VOCÊ!!

Obrigada sempre
"irmãzinha"

MARLI → musa do
açúcar,
Valeu!!

obrigada L'OEIL

BARRADOCE

Querida Geisa, obrigada
pelo apoio e carinho
de sempre!!
Sucesso nas vendas!!

mara,
a melhor
confeiteira!
obrigada

JULIE,
A ESTAGIÁRIA
+ FOFA !!

A TODO MEU
PESSOAL DA
LA VIE EN DOUCE...
Obrigada sempre!!
ñ sou nada sem
vcês !!

**Dados Internacionais
de Catalogação na Publicação (CIP)
(Câmara Brasileira do Livro, SP, Brasil)**

Crema, Carole
   O mundo dos cupcakes / Carole Crema ; fotos
Romulo Fialdini. – São Paulo : DBA Artes
Gráficas, 2010.

   ISBN 978–85–7234–423–4
   1. Culinária 2. Doces (Culinária) 3. Receitas
I. Fialdini, Romulo. II Título.

10-11437   CDD-541.5

         Índices para catálogo sistemático:
      1. Cupcakes : Receitas : Culinária : Economia
            doméstica   641.5

DBA Dórea Books and Art
alameda Franca, 1185 cj. 31/32
01422-001 - São Paulo - SP
tel.: (11) 3062 1643
fax: (11) 3088 3361
dba@dbaeditora.com.br
www.dbaeditora.com.br